失敗・苦労を成功に変える

教師のための成長術

―「観」と「技」を身につける―

長瀬拓也 著

黎明書房

はじめに

厳しい現実の中で

　東京都で初任者の女性が数ヵ月で命を絶たれてしまったというニュースを皆さんはご存知でしょうか。
　その女性の方は，2006年の4月から教師になりました。しかし，仕事に追われ，学級や保護者との関係に悩んでいたそうです。そして，教師になってわずか2ヵ月で命を絶たれてしまいました。
　全国には，うつ病などの精神疾患で休職している先生が5000人以上もおり，現在も増加傾向にあります。
　そして，2008年度に1年間の試用期間後に正式採用されず辞めた公立学校の新人教員は全国で300人を超えました。このうち，80人以上はうつなど「精神疾患」による依願退職です。

　また，辞めなくても，授業や学級，そして保護者の方や同僚の先生との人間関係，子ども達との関わりに悩む先生は多くいます。ギリギリの精神状態の中で仕事をし続けている先生方は少なくはありません。

　このように，今，学校の先生を取り巻く現状は非常に厳しいものです。
　しかし，子どもや保護者の問題といったところで，明日の教室は変わりません。今，苦しんでいる先生は目の前の現実を少しでも変えなくてはいけません。

私自身，すぐれた教師ではありません。読者の多くの方と同じように普通の教師です。いえ，もっといえば，みなさんより優れていない点はたくさんあると思います。教師を辞めたいと何度も思ったことがあります。

　教師になった人は誰でも辞めたいとは思いたくはありません。
　誰もがうまくいき，たのしく仕事ができることを望みます。
　若い人，特に初任の先生は，教育に対する熱い思いとまじめな気持ちを人一倍もっているから余計に感じると思います。
　しかし，現実には，先に述べたように教師を取り巻く現実は厳しく，実際に多くの先生方が辞めていきます。そして，悲しくも命を絶ってしまうこともあります。

　そこで，私は，素晴らしい実践の成功例から学ぶだけではなく，多くの失敗や苦労，反省から学ぶべきだと考えるようになりました。
　その考えに至ったのは2つの出会いからです。

ライフヒストリーとの出会い

　1つ目は「ライフヒストリーアプローチ」という研究方法に出会ったことがきっかけです。
　「ライフヒストリーアプローチ」とは，文字通り，一人ひとりの「自分の生活の歴史」を探ることです。私は，教師が授業をする上で，今までの自分史を振り返ることは，これからの教育を大きく変えていくものだと考えました。
　そう考える理由は2つあります。
　1つは，教師はそれぞれ授業に対する「観」をもち，授業のスタイル

はじめに

があります。この原点を探ることは，新しい教育実践の創造につながるからです。

例えば，高名な先生がされた授業を私が追試しても，子どもも教師も環境も違うので，それは「私」の授業になります。もっといえば，今までの経験や背景も違うので，授業に対する考え方や振る舞い，そしてにじみ出てきたものは一緒ではありません。教育に対する考えも，根本が同じであっても個々によってズレが生まれてきます。それらを見れば，教師として多くの出会いや学びによって，大きく変化し成長してきたことが分かります。

つまり，自分の授業を大きく変えたもの（者・物）は何か。

そのことを探っていくことで，新しい発見があり，教師としてのさらなるレベルアップや新しい授業への挑戦も生まれると考えます。

もう1つは，初任者へのフォロー・サポートです。ご存じのように，初任や若い教師の自殺が絶えません。公表されていないだけで，毎年起きているのではないかと推測しています。若い教師がいかに成長できるかを，教育委員会をはじめ，多くの方が模索しておられると思います。私は，教師はどのように成長していくのか，つまり，「教師としての成長史」をしっかりと研究していくことが，これからの初任者指導には必要だと感じています。

つまり，初任者教師にいかに技術や方法を教えて成長させようとしても，子も親も多様化し，イレギュラーなことが起きる厳しい仕事環境の中ではなかなか難しいといえます。

そのため，いかに反省や苦しさからきっかけをつかみ，成長させていくかが大切です。私は，これからの教師教育は「技術論」から「成長論」だと考えています。その1つの鍵がライフヒストリーアプローチだと考えているのです。（参照：長瀬拓也「ライフヒストリー始めました」メールマガジン『学びのしかけプロジェクト』）

失敗学との出会い

　もう一つの鍵は,「失敗学」の考え方です。
　「失敗学」とは,機械工学がご専門の畑村洋太郎さんが提唱されている考え方です。
　『失敗学（図解雑学）』（畑村洋太郎,ナツメ社）には次のように書かれています。

> 　「失敗を正しく学び,生かす」それが失敗学です。「失敗」にはとかく負のイメージがつきまといます。「失敗学」における基本姿勢は失敗を否定的にとらえるのではなく,むしろそのプラス面に着目して有効利用しようという点にあります。

　つまり,
　・失敗した原因を見つけ,改善していく。
　・失敗を防ぐための方法を考え,それを知識化して広める。
　・失敗から新しいものを創造する。
考え方だといえます。
　私はこの失敗学の考えも,これからの学校教育,特に教師教育にはとても必要になってくると考えています。
　失敗や困った状態になると,必ず原因や問題を考えます。
　しかし,学校教育特有の問題ではありませんが,原因は複雑に絡み合っています。例えば,学級崩壊を1つ取っても,その背景には,
　・教師（担任）
　・学校（管理職）
　・子ども
　・保護者

はじめに

・地域性

など多くの人や組織が絡んできます。

　そのため，学校教育では，今までの場合，問題が出てくると，
「担任の先生に問題がある」
「子どもが悪い」
「親が色々いってくるからだ」
というように，「何が原因かではなく，**原因となる対象の問題となるだけで**，結果的には具体的な解決は当事者である教師（担任）に任せられる」ことが多くあります。

　また，初任者をはじめ，若い先生が辞めていますが，これも
「辞めていった先生の気合いが足りなかった」
「若い人はすぐあきらめる」
といった根性論や精神論で片付けられることも少なくありません。

　このため，若い先生達が起こしてしまう失敗をとらえ，分析し，次への成長や発展につなげていく考え方は，学校教育に携わる人であればとても大切なことだと考えます。

　本書は，こうしたライフヒストリーアプローチや失敗学で私自身が学んだことを通して書かれています。いわば，私の失敗や苦労から教師はどのように成長できるかについて書かれたものです。

　これから教師をめざす人も，今，教師で苦労している方も，「教師を辞めたいと思うような現実から抜けだし，子ども達と楽しい日々が送れるにはどうすればよいか」を，一緒に考えてみませんか。

　　2011年1月1日

　　　　　　　　　　　　　　　　　　　　　　　　長　瀬　拓　也

目　次

はじめに　1

序　章　この本で伝えたいこと　9

　　1　教師にとっての成功　10
　　2　教師にとっての失敗　11
　　3　「観」と「技」の必要性　13

第1章　私の初任時代を見つめて　17

　　1　希望から絶望に変わる　18
　　2　毎日をしのぐ日々　19
　　3　転換期　20
　　4　一点突破　22
　　5　変化のきざし　25
　　6　その後　26

第2章　初任時代の失敗・苦労を分析する　31

　　1　なぜ，私が失敗したか　32
　　　①　前提の甘さ　34
　　　②　学級の組織化の失敗　36

③ 仕事への対応のまずさ　38
④ 授業への取り組み方の失敗　40
⑤ ライフワークバランスの崩壊　42
⑥ 教育「観」のあいまいさ　44
⑦ 思い上がりと自信のなさ　46
⑧ 教師としての「技」の欠如　48

2　なぜ，私がつぶれなかったか　50
① 教育「観」の転換と再確認　52
② 教えるから学ぶ意識へ　54
③ 多くの先生方との出会い　56
④ 自分の「技」をもつ　58
⑤ 時間・仕事に対する考えの変化　60
⑥ 読書の効果　62

第3章　失敗・苦労を生かし，成功に導く「観」と「技」　65

1　学級担任としての成功に導く「観」と「技」　66
① できて当たり前を捨てる　68
② ホーム・チームの意識をもつ　70
③ 一人でがんばらない　72
④ 子どもを信じる　74
⑤ 「個」とつながり，集団をまとめる　76
⑥ 毎日続けることを大切にする　78
⑦ 学級を高める笑い　80
⑧ 保護者の方との関わり方　82
⑨ 次の学年につなげる意識をもつ　86

2 授業者としての成功に導く「観」と「技」 88
　① 体を壊さない授業づくり 90
　② 安定とリズムを大切にする 92
　③ 学級のための授業・授業のための学級 94
　④ 楽しさへの限りない追求と全員参加 96
　⑤ ノートを大切にする 98
　⑥ 難しい子はチャンスと思え 100
　⑦ 「きく」力でどの先生でも学べる子に 102
　⑧ 視覚に訴える授業を 104

第4章　失敗を失敗にしないために
　　　―教師としての「観」と「技」を大切に― 107

1　仲間を増やそう 108
2　ふまじめのススメ 110
3　完璧主義を目指さない 110
4　技術論から成長論へ 111
5　時間に追われない工夫をする 112
6　うまくいかなくて当然 112
7　うまくいかない時ほど成長できる 114
8　失敗から新しい自分になる 115
9　同僚の先生に感謝 116
10　常に自分を鍛えるという意識を 116

参考文献 118
おわりに 121

この本で伝えたいこと

　教師にとって，成功や失敗とは何でしょうか。
　まず，序章として，私が考える教師にとっての成功についてお話しします。その上で，これまでの教師教育のように多くの成功例や実践から学ぶのではなく，あえて失敗から学ぶ大切さについてぜひ考えてほしいと思っています。

1　教師にとっての成功

　教師にとって失敗とは何か，本書を始める前に考えてみましょう。
　その前にまずは，失敗の反対，つまり，教師にとっての成功とは何かを考えてみたいと思います。
　そこで，失敗の反対のイメージを整理し，失敗の反対としての（教育の）成功を次のように考えました。

①　学習者の成長
　1つ目は学習者の成長，つまり，子ども達が成長することだといえます。学力，体力，情緒など，人によってそれぞれ考え方は異なるでしょうが，学習者が成長してくれることが一番大切なことです。保護者の方であれば，その思いはさらに強いものでしょう。

②　社会人としての子どもの成長
　2つ目は社会人としての子ども達の成長です。学習者は成長し，成人して社会の一員となります。卒業した子ども達が反社会的な行動を起こしたり，社会の成長の阻害要因となってしまったりしては，うまくいったとはいえません。
　また，学習者が社会に順応できない場合も同様です。学校教育においては社会人に育てていくことも大切なことです。

③　教師の成長
　3つ目は，教師の成長です。教師がいつまでも初任者のままでは困ります。また，世の中が刻々と変化していく中で，教育も変わらなくてはいけません。いつまでも同じ教え方が通用する保障はありません。教師

が成長していくことは，子ども達にとっても成長につながっていきます。

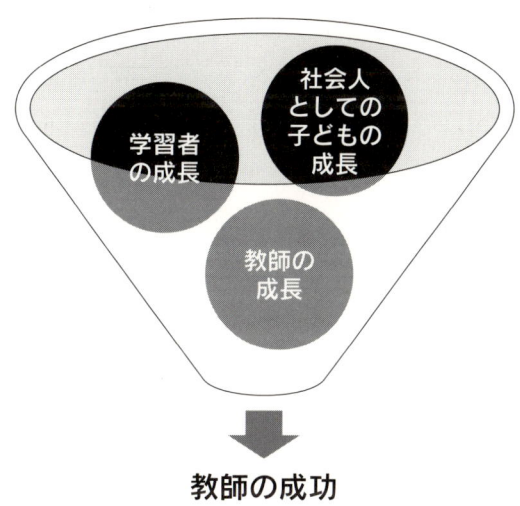

2 教師にとっての失敗

では，教師にとっての失敗とは何でしょうか。

それは，つまり，先に述べた3つの成長が達成できなかったことが失敗といえます。

具体的には4つの原因（失敗の「素」）が挙げられます。

① 安全管理の不備

教師にとっては子どもの安全を守ることも重要な仕事です。子ども達が学習することが困難になってしまう状況は避けなくてはいけません。

② 人間関係・組織の破綻

いわゆる学級が成立していない状態です。中，高等学校であれば授業が成立していない状態であるといえるでしょう。先生と子ども達との関係が破綻してしまっている，指示が入らない状態ともいえます。

③ 学習者が成長できない

学力が伸びなかったなど，学習者が成長できなかったことです。教師の目的は子どもを伸ばしていくことですので，学習者が成長できないことは大きな失敗です。

④ 教師自身がつぶれてしまう

教師が教育活動を続けていけなくなった時，それは最大の失敗といえます。

私は，大きくこの4つが教師にとっての失敗の「素」と考えます。
ただし，いえることは，この失敗の「素」は，失敗に失敗を重ねた「大失敗」ということです。少しの失敗は誰でもしますし，逆に失敗は成長につながります。

つまり，問題は，
・**最大の失敗は継続して悪化していく**
ということです。教師として心がけなくてはいけないことは，問題を悪化させていかないことです。4つの大きな失敗に近づいていくようなことは避けなくてはいけません。さらに気をつけなくてはいけないことは，この4つの大失敗はリンクしている，つまりつながりあっているのです。
失敗学の畑山先生が提唱しているように，失敗が継続し，広がっていくという大惨事になる前に対処して，失敗を成功の母に変えていく必要

序章　この本で伝えたいこと

があります。
　私は、その失敗を成功に変える方法の1つが、
　・自分の失敗や苦労を生かす「観」と「技」を身につけることである
と考えています。

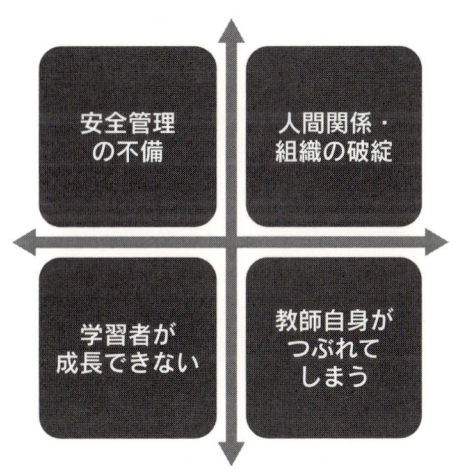

3　「観」と「技」の必要性

　失敗や苦労から学び、それを成長にいかすキーワードを私は、「観」と「技」だと考えています。

　「観」とは、三重大学の森脇健夫先生の言葉を借りると、
　「教師の内的世界を統一する核となるのが『観』である。つまり、授業観、子ども観、さらには知識観や人生観など、こうしたものの集合体」
（森脇健夫「図解！ライフヒストリーアプローチとは何か？」『授業づくりネットワーク』2010年3月号より）

13

となっています。
　つまり、教師の考え方や信念、思いといったものの全てを表す言葉です。

　その上で、「技」とは、
「**教師の内的世界を統一する核である『観』を具現化する方法である。つまり、子どもへの関わり方、話し方、伝え方、準備の仕方まで含めた学級・授業の指導方法や知識、さらには仕事の取り組み方、同僚・保護者の接し方など、教師としての仕事全般にかかわる集合体**」
と私は定義しています。「技」の定義は、森脇先生の「観」の定義を参考にしていますが、東北大学の生田久美子先生の「わざ」の考えにも影響をうけています。（生田久美子『「わざ」から知る』東京大学出版会）
　つまり、教師の考え方や信念に基づいた方法やテクニック、技術などの全てを表すものです。授業だけではなく、学級や子どもとの関わり、事務的な仕事の仕方全てが網羅されていると考えています。

　私は初任の頃、苦しい思いをしてきました。
「この状況からいかに脱出できるか」
　そればかりを考えていました。それでも、どうすればよくなるのか、全く見当もつかない時も多くありました。
　その中で、私は、一番苦しい時に、もう一度教師としてやってみたいこと、がんばりたいことを考えました。つまり、「観」を再確認したのです。また、今までの考え方も一部修正しました。「観」の転換もあったと思います。
　その上で、多くの諸先輩から色々な方法を教えていただきました。最初は見よう見まねでやってみましたがうまくいきません。
　しかし、自分の考え、つまり、「観」を具現化できる「技」が見つか

序章　この本で伝えたいこと

ると，学級や授業はとても変わっていきました。
　つまり，私は，「観」や「技」を意識してもつことが，失敗や苦労から教師を逆に成長させる力となると考えています。

　今，多くの初任の先生方が苦しんでいます。もっといえば，初任だけではなく多くの先生も苦しんでいます。その中で，失敗や苦労をたくさんします。しかし，その失敗や苦労を後に引きずるような形にするのではなく，自分自身の成長に変えていくには，自分自身の「観」と「技」をもつことだと思います。

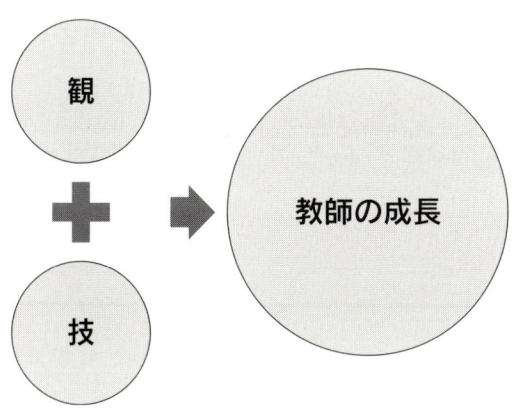

　第1章は，まず，私の初任時代の失敗や反省です。そこからどのような実践を展開していったかを読んでいただきます。
　その上で，第2章は，なぜ，私が失敗したか，しかし，なぜつぶれずに何とか1年間を過ごし，とてもよい形で学級を終えることができたか，を分析します。
　第3章は，第1章，第2章を踏まえて，学級担任として，授業者として私が今大切にしている「観」と「技」を紹介します。苦しんでいる先生方のお役に立てれば幸いです。

15

第4章は，まとめとして，若い先生に向けてのメッセージを書きました。

私の初任時代を見つめて

　まずは，私の失敗や苦労，そこからどう抜け出すことになったかについてお話ししたいと思います。
　多くの先生方にとって，初任時代は失敗や苦労を多く味わった時期だと思います。一方で，そこから多くのことを学んだり，成長したりした時期でもあったかと思います。
　そこで，私自身が，初任者の頃，何に悩み，そしてどのようなきっかけで変わったのか，振り返ってみたいと思います。ぜひ，ご自身の若い頃，または今の様子と重ねて読んでいただければ幸いです。

1　希望から絶望に変わる

　私は，大学を卒業してすぐ教師になりました。教員採用試験を受けたのは，故郷でも，母校のある地域でもない，全く新しい土地でした。とにかく，正規で採用されたい一心で様々な場所に挑戦した結果でした。
　不安よりも希望いっぱいで，わくわくしながら始業式を迎えたのを今でも覚えています。念願の教師になれたことへの嬉しさの方が強く，悪いことは1つも考えられませんでした。
　しかし，待っていた現実は厳しいものでした。
押し寄せる書類。
慌ただしく過ぎていく放課後。
初任者研修に追われる日々。
毎日の会議。
　そして，何よりもつらかったのが，

> 子ども達が話を聞いてくれない，学級がうまくいっていない。

ことでした。
　始業式から3日間は，子ども達はケンカに明け暮れ，私の話は通りませんでした。まさに，学級が崩壊している状態でした。優しくいっても聞いてくれません。

　その後，私は怖い先生に変わります。
　いつも怒鳴っていました。
　吠えていたといった方が正しい表現かもしれません。
　一，二週間で声が出なくなりました。

第1章 私の初任時代を見つめて

食事が喉を通らない日々も続きました。
「辞めたい」
そう，ふっと思いました。
しかし，教師になって早々，辞めてもよいものか，悩みました。

2 毎日をしのぐ日々

4月以降は，叱って，怖さでおさえる学級経営でしのぐ日々が続きました。まさに，力でおさえつける「パワープレー」の学級経営です。
　しかし，授業はパワープレーだけではうまくいきません。

> 　授業を成立させたい。しかし，なかなか成立しない。そのために，教材研究や授業の準備を夜2時ぐらいまでする。そうすると，次の日がつらい。授業がうまくいかない。子どもはより荒れる。

という状況が生まれました。
　授業に見通しは全くもてませんでした。明日の授業を何とかすることに必死でした。板書計画，発問を考えました。
「資料はどうしよう」
「ノートの取り方は」
「あぁ。あの子は明日，どんな対応をするのだろう」
　次から次へと出てくる悩みに苦しみながら，毎日を過ごしていました。

　こうした状況ですから，校務分掌も遅れます。学年の仕事もままなり

ません。
「実習生じゃないんだから」「自分の仕事ばかりするんじゃない」
と叱られ，落ち込んでばかりでした。
　周りの先生とうまくやっていけるのだろうか。そんなことを悩んだこともありました。

3　転換期

　初任者研修などで出張があると，ケンカやケガに拍車がかかりました。出張先に何回か電話がかかってきました。
　しかし，いくら大変であっても学校や子ども達は待ってくれません。たくさんの仕事や忙しさが襲ってきます。まさに教師生活1年目は，苦痛と忙しさとの闘いでした。
　そんな中，ふっと，忙しさの中で桜が散る様子が目に入りました。
「桜か……」
　そういえば，父は，仕事が楽しいという話は，あまりしなかったなぁと思い出しました。父も中学校の教師でした。
　父は白血病ですでに他界していました。
「教師の仕事をずっと続けたい」
　そういって死んでいきました。
　しかし，父が話してくれて心に残っているのは，教師としてうまくいかなかったことの話でした。
　授業の時，生徒がいなくて呼びに行ったこと。
　他の先生も大変で，助けてもらえなかったこと。
　授業の仕方が初任の頃分からず，暗記をさせることを繰り返したこと。
　桜を見ながら，思いました。
「ケンカもするし，立ち歩くけど，教室に子どもがいる。親父の頃よ

第1章　私の初任時代を見つめて

りいいか」
　そんな開き直りに近い状態で，子どもたちに桜ひろいを提案しました。桜をひろい，それを画用紙に貼りつけ，そこからイメージをふくらませ，表現をしていく活動です。
　時間もゆったりと取り，桜や春のものをひろい，それを画用紙に貼り創りあげていく。桜ひろいの中で，ケンカやもめ事をおそれていましたが，そういったことはほとんどありませんでした。そして思いました。
・私も子どもも「若い」。騒がしく，迷惑をかけるだろうけど，ゆっくりとお互い成長していく気持ちで，取り組んでいこう。
・とにかく，楽しくやろう。

　苦しい時，辞めたい時，私はもう一度，教師として自分が原点として取り組みたいことを1つに絞って行おうと考えました。
　多少うるさくても，立ち歩いても，子ども達同士が話し合い，関わり合い，つながり合うことを大切にし，子ども達が楽しいといえるような教育実践にしていこうと考えました。
　その時に手にしたのが，小幡肇先生の『やれば出来る！子どもによる授業』（明治図書）でした。
　小幡先生は奈良女子大学文学部附属小学校の先生です。先生の授業を大学生の時に参観して，
「子どもが自分たちで話し，質問している。こういう授業にしたい」
と感動しました。
　苦しい時，ふと本棚を見ると，その時購入した小幡先生の本があり，夢中で読み返したのです。
　自分の中で「これだ」と思いました。
　この本の通りにするのではなく，子ども達に「任せる」ことの大切さを知ったのです。今まではうまくいかない，できない子達という捉えで

した。だから,
「先生として言わなくてはいけない。指導しなくてはいけない」
そうした先生主体の考え方でした。しかし,
「子ども達に任せればできるのではないか」
そう考えました。
あとは,この考えを実践でいかす方法を考えました。
しかし,なかなか実践でよいものが見つからず,7月を迎えました。
「こういう教育をしよう」と「観」が定まったのですが,「技」が見つからない。そんな時期でした。

4　一点突破

夏休みは,
「何か見つけなくてはいけない」
そんな気持ちでいっぱいでした。
　子ども達が夢中になり,学級がよくなるような,子ども中心の「核」となるような実践を探していました。逆に,8月のうちに探しておかないと大変なことになると考えていました。
　そして,たまたま雑誌などで知った国語科の授業研究会に参加した時,筑波大附属小の青木伸生先生の「詩のボクシング」のワークショップがありました。たまたまその教室に入ったのを今でも覚えています。
　「詩のボクシング」と聞いて,名前は知っていましたが具体的にどのようなことかはあまり知りませんでした。しかし,参加者の先生方と実際に詩をつくり,読み合う中で,詩の面白さに興味をもつようになりました。
　「これだな……」
と直感しました。

第1章　私の初任時代を見つめて

　青木先生のご実践は6年生でしたが，2年生でもできるとのことでした。そこで，もうこの際だから，「エイ！」という感覚で始めることにしました。
　特に詩を発表する時，子ども達が友達の詩の音読を集中して聞くことで，「聴き合う」関係が生まれるのではないかと考えたのです。そこで，1単元として終わらせるのではなく，「聴き合う」ことを主題として「詩のボクシング」を，年間を通して行うことを考えました。

　「詩のボクシング」とは，グループまたは，個人がお互いに詩を読み合い，どちらかよいほうを判定（ジャッジ）する音声表現の活動です。
　音声詩人で日本朗読ボクシング協会代表の楠かつのり氏が1997年にはじめた活動であり，「言葉のスポーツ」「言葉の格闘技」ともよばれ，その形式が全国各地の多くの小，中学校，高校，さらには大学などの教育現場に導入され行われています。
　2年生であるため，ルールやすすめ方は青木学級や「詩のボクシング」の公式ルール（日本朗読ボクシング協会HP参照⇒ http://www.jrba.net）をもとに，学級でオリジナルのルールを考えて行うことにしました。
　また，総合的な学習の時間は低学年にはなく，子ども達が夢中になって1年間取り組むにはどうすればよいか考えた時，国語科を中心に学級活動として位置づけて行うことがよいと考えました。
　国語の詩の授業で少しやってみたところ，子ども達の反応がとてもよく，夢中になりました。私自身も，
　「よし，いける」
という感覚をもちました。
　その上で，学級活動として始めることにしました。まず，始めるにあたって，子ども達に次のことを話し，心がけるようにしました。

> ・「詩のボクシング」で一番大事な人は「聞く人」です。
> ・勝ち負けが大事でありません。友だちのよさをみつけることが大切です。

　つまり，「詩のボクシング」は詩を読み合うこと以上に聴き合うことが大切であり，相手の詩のよさを味わい，聴く力を高めるために行うことを子ども達に心がけさせたのです。聴き合う関係をつくることは，学びあえる学級環境をつくれることにつながると考えました。自分の「子どもに任せる，子ども達が自主的にする」という観とまさに一致していました。

　また，判定をすることで競争になってしまい，勝ち負けのみに興味をもつことも考えられました。友だちと知的に競い合うことは悪いとは思わないが，それだけにこだわってしまってはいけないと教え，そのため，「詩のボクシング」は相手のよさを見つけることが大切だと考えさせました。

　その上で，クラスを3〜4人の10グループに分け，授業の5分間や朝，帰りの会などの学級の時間に全グループ総当たりで「詩のボクシング」をすることにしました。

第 1 章　私の初任時代を見つめて

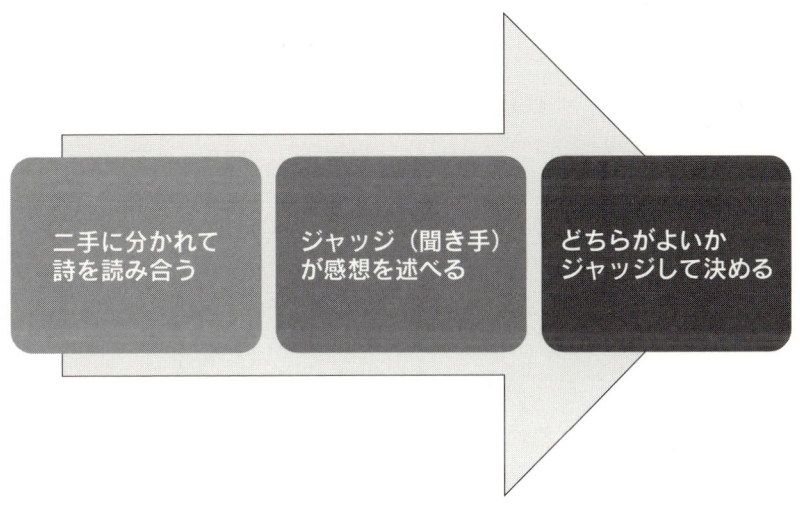

実践した「詩のボクシング」の流れ

5　変化のきざし

　「詩のボクシング」を始める時，子ども達に，
「詩のボクシングで一番大切な人は誰ですか」
と必ず聞いていました。子ども達は「聞く人！」と答えます。
　なかなか話を聞くことができなかった子ども達が，友達の意見や発表を姿勢よく聞いている様子を見て，とてもうれしく感じました。
　詩の選択や読み方もグループで工夫を凝らし，紙人形を用いて人形劇のように読むグループやリフレインを使ったり，3人組のところで，2人読み，1人読みを繰り返して読んだりするなど，自ら考えて活動することができるようになりました。中には休み時間まで使って練習をしているところもあり，子ども達の意欲の高さがうかがえました。

また，私も子ども達もすてきな詩に出会うことができました。
　こうした活動を保護者の方に伝えていこうと考えました。
　そこで，授業参観で国語科の谷川俊太郎の「いるか」の授業を「詩のボクシング」で行うことにしました。「いるかカップ」と題して，「いるか」の詩とグループで選んだ詩を1つ発表します。詩は自由とし，自分達の作詩でもよいことにしました。司会，ジャッジも子ども達が主体的に行うようにし，なるべく私が指示などをしないように心がけました。
　特に印象に残っているのが，「雨ニモマケズ」を読んだグループです。そのグループは授業参観日前に「雨ニモマケズ」を読みたいと詩集を持ってきました。2年生の学習の段階を考え，最初はやめたほうがよいといおうかと迷いましたが，意欲があり主体的に取り組んでいることを伸ばしてあげたいと考え，読みがなをつけ，子ども達の活動に任せてみました。
　授業参観の当日，そのグループはつまずきながらも大きな声で元気よく詩を読むことができ，聴いていた子ども達にも「雨ニモマケズ」は人気の詩になりました。子ども達の学習に対する意欲と可能性を学んだ瞬間でした。

6　その後

　「詩のボクシング」を通じて，子ども達が変容し，成長したことを強く感じたことがありました。それは，以下のような姿です。
- グループで詩の音読の練習をすることで，協調性や協力する姿勢が出てきた。
- 普段の生活の中で言葉にふれ，音読を楽しむという学級文化が芽生えた。
- 他者の発言や発表に対して，聴く姿勢が身につき始め，集中して学

第 1 章　私の初任時代を見つめて

習活動に臨めた。
・小グループ（3，4人）での詩の音読に取り組む中で，練習などの話し合いを通じて，自分の思いを伝えようとする子どもの姿が増えた。
・国語科の詩や音読に対する学習の意欲が高まった。

　初任の厳しい環境の中で読み，インパクトを受けた小幡先生の「気になる木」「はっぱ」の授業を，ふっと無意識に近い形で自分が教師として取り組みたい教育実践の原点として再認識したのは事実です。

　それに，新しく学んだ「詩のボクシング」という「技」が組み合わさりました。
　今，振り返れば成功談のように見えますが，すぐ上手くいくことはありませんでした。徐々に軌道にのり，上手くいった頃に1年間が終わったという感じでした。
　しかし，子ども達は自分達で声をかけ合い，前向きに授業に取り組む姿に変わりました。私が指示して動かせるのではなく，子ども達が「続けたい」「したい」という授業の形や考え方に大きく変わったのだと思います。

　もう1つ苦しい状況の中で始めたことが，学級だよりでした。
　毎日，学級や子どものよいことを書きました。
「少しでもよくなれば。」
　そんな気持ちで必死でした。
　とくに，意識したのが「毎日出す」でした。

これは，筑波附属小学校の田中博史先生の学級だよりの書き方を参考にしました。(田中博史『わくわくいきいき 学級づくり1年間2年生』日本標準)
　前日に書くというのではなく，なるべく出来事

などを事前に集めておき，数枚書いておく方法で取り組みました。
　子ども達は自分の名前がよく出るので，さわがしくしていても，学級だよりが読まれる時だけはとても静かになりました。

　こうしたことが積み重なり，最後の日を迎えました。

　最後の日は，涙，涙のお別れでした。
　それは，子ども達と1年間過ごせたことや，1年間何とか乗り切ったことなど，様々な感情で一杯になったのです。つらいことが余計にすてきな思い出のように感じられました。
「辞めないでよかった」
本当に心から思いました。

　2年目も実は苦労しました。
　初任の頃は学級のことだけやっていました。しかし，2年目からは学校の仕事をするようにいわれ，その仕事のバランスに苦労しました。また，学級のことばかりするため，職場の先生との関係もよいものではなく苦しんだ思い出があります。

第1章　私の初任時代を見つめて

そして，詩のボクシングのみの学級づくりにも限界を感じてきました。

結局，落ち着いて教師の仕事ができるようになったのは，異動後の4,5年目からといえます。
つまり，今でも苦労し続けているということです。
しかし，あの苦しかった時があるから，今があるのだといい聞かせ，仕事を続けています。

＊参照：長瀬拓也『若い教師のための読書術』ひまわり社。

初任時代の失敗・苦労を分析する

> 　第2章では，第1章の私の初任時代に経験した失敗や苦労を分析していきたいと思います。
>
> 　なぜ，4月は苦しんだのか。
> 　なぜ，私も子どもも変わることができたのか。
>
> 　当時の私には振り返ることができなかったことを，今，振り返ることによって，多くの皆さんが失敗や苦労から考える際のヒントが見つかるのではないかと考えています。

1　なぜ，私が失敗したか

「初任の頃，つぶれていたかもしれない」
　そんなことを今でも考えることがあります。
　なぜ，私が4月に全く学級が築けず，苦しんだかを振り返ることは，初任の先生をはじめ，先生方が抱えている問題を解決する道筋を示すことになるのではないかと考えています。
　そこで，私が失敗・苦労した8つの原因を考えました。

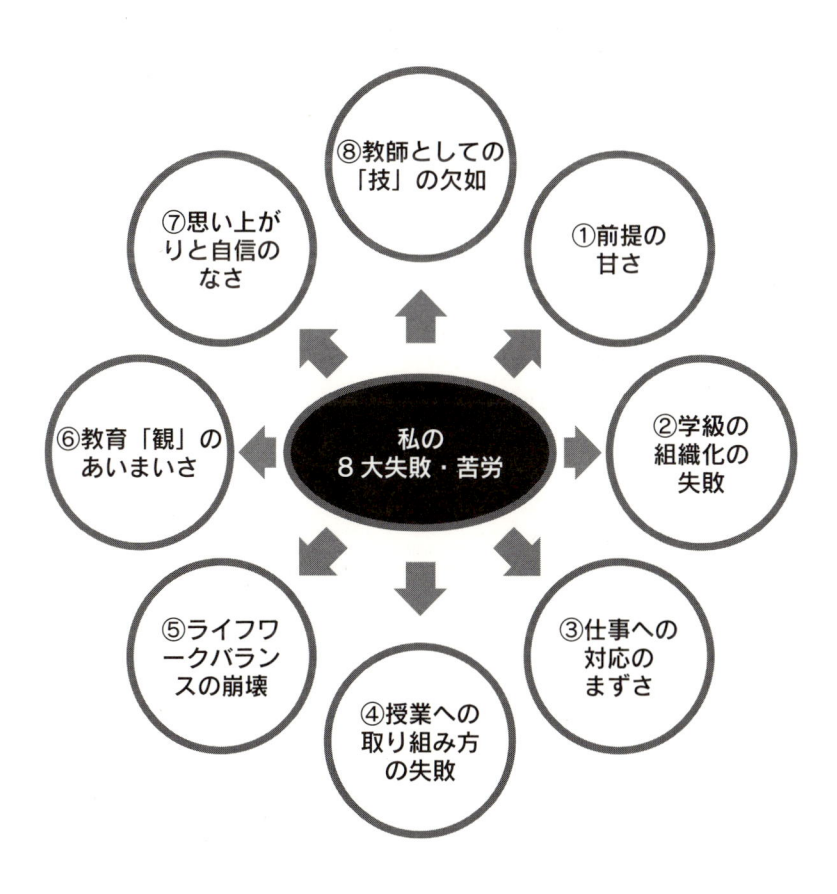

第2章 初任時代の失敗・苦労を分析する

私の8大失敗・苦労

① 前提の甘さ
② 学級の組織化の失敗
③ 仕事への対応のまずさ
④ 授業への取り組み方の失敗
⑤ ライフワークバランスの崩壊
⑥ 教育「観」のあいまいさ
⑦ 思い上がりと自信のなさ
⑧ 教師としての「技」の欠如

① 前提の甘さ

　私が失敗，苦労した一番の原因は，「前提の甘さ」です。

　つまり，「子どもは○○してくれる」という甘い前提をもっていたということです。

　大学を卒業したばかりの私は，

> ・子ども達は話を聞いてくれる。
> ・子ども達は仲良くしてくれる。

という前提をもって学級を迎えました。

　それは，教育実習のイメージもあり先生が話し，子ども達が聞いてくれるということを前提に考えていたからでした。

　教育実習は指導教諭の先生が指導力と経験で創り上げたクラスがほとんどであり，実習も学級が安定し始めてからですので，4月の頃とは大きく異なります。

　しかし，私は，子ども達が「先生が話すことを聞く」ことができると，当たり前のように考えていました。

　話を聞いてくれるという前提であれば，話し方を工夫する意識はあまり起きません。そのため，丁寧に分かりやすく指示することや話すことはほとんどなかったと記憶しています。子ども達に一つひとつ指示し動かすことができなかったのです。

　当然，子ども達は誰も聞いてくれない。まずは，そこでつまずいてしまいました。子ども達の側からいえば，先生は何をいっているのかが分からなかったのだと思います。

　多分，大丈夫だろうという意識で動いていたため，指示したことがなかなかできない。そのことにとまどっているうちに様々な問題が起きて

第2章　初任時代の失敗・苦労を分析する

しまい，私も子ども達も混乱してしまいました。

> **Point 私の失敗・苦労から生かせること①：**
> 　若い先生は，まず子ども達は何ができ，何ができないかを考えてみる必要があります。もっといえば，「できるだろう」と漠然と捉えるのではなく，「できないかもしれない」と捉え，そのために「どんな方法を取ればよいか」考えることが大切だと思います。

② 学級の組織化の失敗

「授業と学級は指導の両輪」とよくいわれています。私も大学でその言葉は習いました。しかし,大学を卒業した頃は,授業が前輪,学級が後輪というイメージでした。

> 学級をおろそかにすることは,前輪が回らないことと同じ

今では信じられないことですが,私は授業がうまくできれば,学級は何とかなるという考えでした。

学級の組織化という言葉も知らず,係や当番の位置づけもあいまいで,とりあえず決めておけば,あとは子ども達が自然とやっていくだろうという考えをもっていました。当然,向山洋一先生が提唱しているような「黄金の3日間」も係を決めたり,当番を始めたりするスタートの時という位置づけでした。

しかし,その考えによって,クラスは初日から方向性を見失います。

小学校であれば,まずは学級であり,最初にすべきことは学級の組織化だと考えています。つまり,学級をクラスみんなで創るという意識と,そのために給食や当番の指導,そしてそれらを徹底し,学級を組織として行動できるようにすることです。その最初の3日間,1週間がどれほど大切かを肝に銘じ,慎重かつ大胆に進めていく必要がとてもあります。

また,クラスでは何をすべきであり,何をしてはいけないかといった,「法(ルール)」もあいまいでした。

「法(ルール)」があいまいのため,子ども達は何をしたらよいか分からず,惰性に流れてしまいました。そのため,私は大きな失敗をした後で,学級の組織化とクラスのルールづくりから始めなければなりませんでした。

第 2 章 初任時代の失敗・苦労を分析する

Point 私の失敗・苦労から生かせること②：
　若い先生は，担任として，これは許されないというルールをしっかりともつことだと思います。そして，何よりも学級を組織化するためにはどうすればよいか考えることだと思います。その1つが「徹底」です。これはルールを守ることができるという確認でもあります。

③　仕事への対応のまずさ

　大学を卒業したばかりの私にとって，4月初めの多忙の日々は想像もつきませんでした。まず，「何をするべきか」が分からず，戸惑うばかりでした。その後は，押し寄せる仕事に追われる毎日でした。
　まず，取り組み方として失敗したのが，計画性のなさです。
　授業でも行事でも，直前に迫ってくる状態で対応するといったことが何度もありました。余裕やゆとりがない状況では，失敗も当然増えていきます。
「少し早目にやっておけば」
ということがたびたびありました。
　また，仕事の順番を立てることができなかったのも大きな原因です。
　東京大学の秋田喜代美先生によれば，教師の仕事の特徴として，以下の点が挙げられるといわれています。

・無境界性（仕事に終わりがない）
・多元性（種類の違う仕事を同時にしなくてはいけない）
・複線性（仕事の順序が変わる，増える）
参考：「教職という仕事の性格」（秋田喜代美・佐藤学『新しい時代
　　　の教職入門』有斐閣）

　こうした特徴に対して，私は，
・無制限に夜遅くまで取り組んだ。
・同時に種類の違う仕事をすることがなかなかできなかった。
・仕事の優先順位を立てられなかった。
ことが挙げられます。
　特に，「今，何をするべきか」といった，緊急性・重要性を考え，見

第 2 章　初任時代の失敗・苦労を分析する

通しをもって効率よく仕事をすることがなかなかできませんでした。それが，仕事を増やし続けた原因だったと考えます。

> **Point 私の失敗・苦労から生かせること③：**
> 　最初からは無理かもしれませんが，まず，仕事をためないことだと思います。サインなどすぐできることはすぐ行い，なるべくためないことです。また，締め切りの前日にするのではなく，「前日までに」することが大切です。若い先生の失敗の素は仕事の仕方にもあると思います。

④　授業への取り組み方の失敗

　私が初任の最初の3ヵ月間，ほとんど夜2時まで起きていました。中には2時を過ぎてしまう時もあったかと思います。何をしていたかといえば，授業研究（教材研究，発問，板書計画などの授業準備）をしていました。
　これが，大きな失敗でした。
　学校現場は激務です。ただでさえ疲れがたまるのに，2時を過ぎていれば体調もよくはなりません。
　こうした限界まで授業研究をする先生が素晴らしいという意見があります。限界まで取り組む先生の熱意が素晴らしい。若いうちはそれぐらいの気持ちが大切だと。
　しかし，私は，全くそうは考えません。小さな子どもがいる先生もいれば，年配の先生もいます。限界まで取り組むことで自分の体や家族を犠牲にすることはおかしいと考えるからです。また，毎日限界まで取り組むことで，結局は学級も壊しかねません。
　私は，授業がうまくいかないと子ども達がまた落ち着かなくなるという不安でいっぱいでした。そのために，何とかしたいという気持ちでした。これが空回りしていたような気がします。前日に授業の準備に追われ，また次の日になると授業の準備に追われるといった自転車操業になっていました。
　また，当時の私自身の考え方にも，
　「多くの時間をかけることが大切だ」
という思いもあったようです。
　多くの時間をかけ，体調を崩して行った授業は当然，うまくいかず，失敗を広げるだけになっていました。

第2章 初任時代の失敗・苦労を分析する

> **Point 私の失敗・苦労から生かせること④：**
> 　私はある初任の先生に，「12時には寝なさい。それが無理なら1時には必ず寝ると（私に）約束して」といったことがあります。多くの時間をかけて授業研究をするのではなく，限られた時間の中で取り組んだ方がよいですし，大切なのは授業当日のパフォーマンスだと思うからです。

⑤ ライフワークバランスの崩壊

　初任時代は，ほぼ１年間，声が嗄れ，体調がすぐれませんでした。
　詩のボクシングなどを取り入れたことで少しずつ学級がよくなっていっても，自分自身の健康はなかなかよくなりませんでした。
　「ライフワークバランス」という言葉があります。
　つまり，仕事と生活のバランスが大切なのですが，１年目はそれが全くできなかったということです。
　１つ目は，④で述べたように睡眠不足。
　２つ目は，食事をしっかりと取っていないこと。
　３つ目は，気分転換ができていなかったこと。
が私の大きな失敗です。
　実家ではなく，アパート暮らしだったこともありますが，朝なかなか起きられないので，朝ごはんも食べることができませんでした。そのため，元気がなかなか出ません。元気が出ないとうまくいかず，さらに苦しくなります。夜遅くに帰るので，夕ご飯もひどいものでした。
　また，学校と家の往復で，なかなか気分転換を図ることができず，悩んでばかりでした。土日も学校に行くことが多く，ずっと仕事をしていた感覚でした。後になって，先輩と一緒に飲みにいったり，遊びにいったりするのですが，最初のうちは，ずっと仕事のことばかり考え，殻に閉じこもっていたと思います。
　まさに，ワークライフバランスが完全に崩壊していました。体重が最初の３ヵ月で５キロ減ってしまい，お医者さんから心配されたのを覚えています。

第2章 初任時代の失敗・苦労を分析する

> **Point 私の失敗・苦労から生かせること⑤：**
> 　若いからこそ無理をします。少しぐらい寝なくても何とかなると思ってしまいます。しかし，この仕事は体が資本です。プロスポーツ選手と同じで，身体の健康を維持することも大切な仕事だと考えるべきです。また趣味や気分転換の方法を見つけることも重要です。

⑥ 教育「観」のあいまいさ

私の大きな失敗は、「観」のあいまいさ。
つまり、教師として、
- どんな学級や授業を創りたいか。
- どんな力をつけさせたいか。
- そのためにどんな方法を考えればよいか。

といったことが、実は一番苦しかった時ほど考えていなかったと、今振り返ることができます。

もちろん、苦しい時でしたので、何とか今の状況から脱したいとどうしても思ってしまいます。しかし、北海道の中学校教員である石川晋先生がいうように、「しのぐ」だけでは根本的な解決にはならず、「乗り越える」ことにはなかなかつながりませんでした。

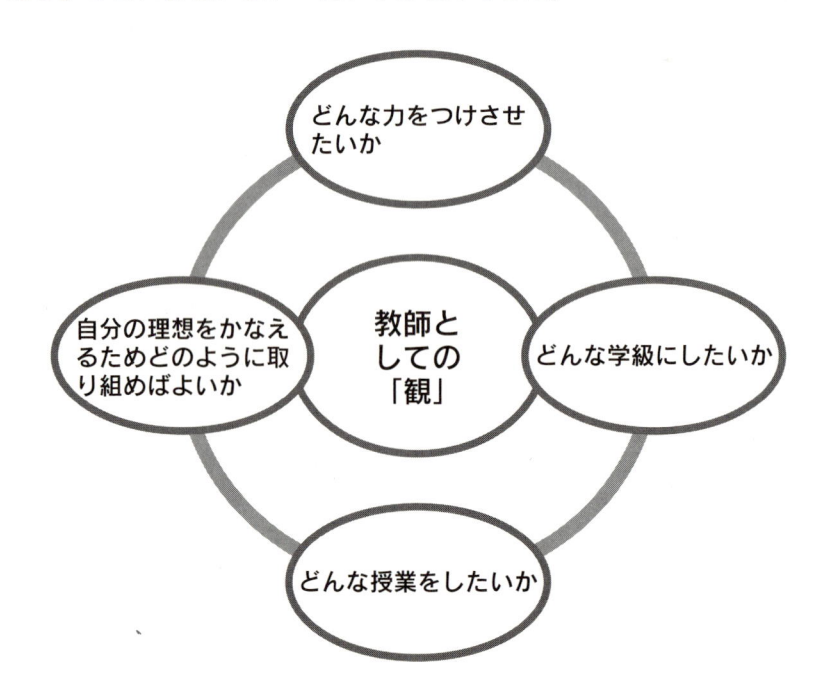

```
           ┌─────────────────┐
           │ どんな力をつけさせ │
           │ たいか           │
           └─────────────────┘
┌──────────────┐  ┌──────┐  ┌──────────────┐
│自分の理想をかなえ│  │教師と │  │              │
│るためどのように取│  │しての │  │どんな学級にしたいか│
│り組めばよいか   │  │「観」  │  │              │
└──────────────┘  └──────┘  └──────────────┘
           ┌─────────────────┐
           │ どんな授業をしたいか │
           └─────────────────┘
```

第2章　初任時代の失敗・苦労を分析する

教師としての「観」があいまい！

> **Point 私の失敗・苦労から生かせること⑥：**
> 「どんな学級・授業にしたいか」を常に意識することが大切です。
> 学級経営案などで自分の考えは書くのですが，どうしても形だけのものになってしまいます。そのため，「どうしてもこれだけはしたい」という思いをもって取り組むとよいと考えます。

⑦　思い上がりと自信のなさ

はずかしい話ですが，初任の頃は，
「自分は結構できる（はずだ）」と思っていました。
つまり，実力も謙虚さもないのに根拠のない自信ばかりあったのです。
しかし，一方で不安や自信のなさも潜んでいました。
それが，最初の3日間ではっきりしてしまいました。

授業がうまくできれば，何とかできるだろうという甘い考えもありました。そのため，学級組織のあり方や創り方に対する考えや方法が全くなかったのです。さらに子ども達への指示や声かけなども全く知りませんでした。自信は一気に吹き飛んでしまいました。

うまくいかない時ほど，自信のなさが出てしまいました。

行事や引率などをしても，うまくいかなくなるのではといつも不安になってしまうこともあります。

何をすればよいか。

何を直していけばいいか。

それすら混乱して分からなくなった時もありました。

さらに，色々いわれればいわれるほど，苦しくなっていた自分がいました。そのため，問題が起きてもなかなか報告や相談ができないという悪循環に悩まされていたことを覚えています。

お薦めの本：

大前暁政『必ず成功する！学級づくりスタートダッシュ』（学陽書房）

　この本が初任の頃あればよいのにと思った本です。初めてクラスをもつ人にはぜひ読んでほしい。そんな本です。学級をどのように開き，創っていくか明確に書かれています。

第2章　初任時代の失敗・苦労を分析する

> **Point 私の失敗・苦労から生かせること⑦：**
> 　まずは，学級経営から始めることです。とくに，話をしっかり聞けるようにすることから始めてください。
> 　指示を出し，それができるようにすることができれば，まずは第一歩が踏み出せたといえます。

⑧ 教師としての「技」の欠如

一言でいえば，
- ・子どもへの指示・発問・関わり方
- ・仕事の取り組み方
- ・授業のつくり方

など，教師としての「技」が全くなかったといえます。
　「技」は実際にやって経験していかないとできないものもありますが，読書などで知識を得，理解してできることも多くありました。
　教師だった父に教えられた言葉である，
「教師は，教えるのが仕事ではなく，学ぶことだ」
を身をもって悟りました。
　教員採用試験に合格することももちろん大切です。しかし，受かった後，多くの時間があったはずです。その時間に教師としての「技」を少しでも身につけておかなかったことが痛恨でした。
　大学は理論で，現場は実践であるとよくいわれます。
　その考えは否定しません。
　むしろ，大学でも実践的な内容をするべきだという考えには疑問をもちます。
　やはり，多くの時間があったわけですから，大学生のうちから授業を多く見に行ったり，学級びらきについて自分なりに学習しておいたりするべきだったと思います。教育実習はあくまでもきっかけにすぎず，そこから，教師としての「技」をたくさん身につけておくことが重要だったと考えています。

第2章 初任時代の失敗・苦労を分析する

> **Point 私の失敗・苦労から生かせること⑧：**
> 　まずは，本を読み，先輩方から学ぶ姿勢をもつことだと思います。自信もあるかもしれませんが，まずは好き嫌いなく多くのものやことから学ぶ姿勢をもつことです。
> 　そして，今一番悩んでいることが，実は学ぶべきことだと考え，成長の糧にしていくことが重要です。

2 なぜ，私がつぶれなかったか

　なぜ，ギリギリまで苦しんでも，私がつぶれなかったのか。
　それは，多くの人や本との「出会い」であり，自分が教師として，「子どもをどう育てていきたいか」「どのように仕事をしていけばよいか」についての「観」の転換があったからだと振り返ることができます。
　そこで，私がつぶれなかった理由を6つ考えました。

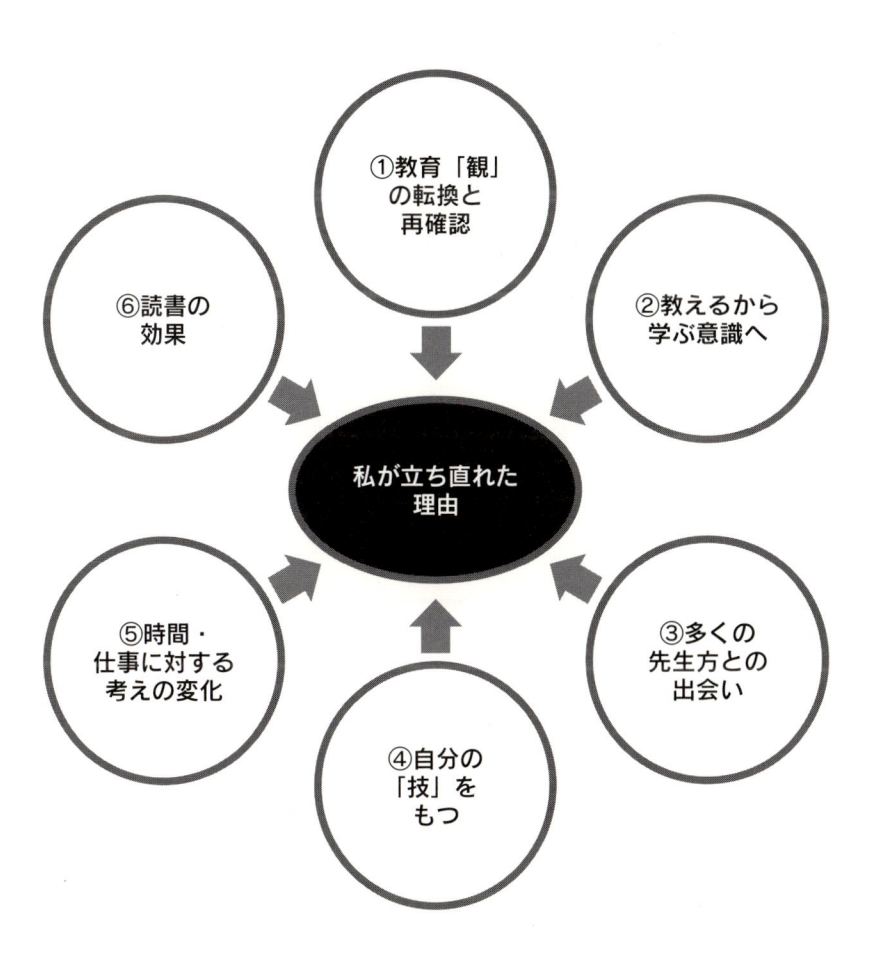

第2章 初任時代の失敗・苦労を分析する

- ①教育「観」の転換と再確認
- ②教えるから学ぶ意識へ
- ③多くの先生方との出会い
- ④自分の「技」をもつ
- ⑤時間・仕事に対する考えの変化
- ⑥読書の効果

→ 私が立ち直れた理由

① 教育「観」の転換と再確認

　私は苦しく，精神的に追い詰められていた時，大きく2つのことを決意しました。
　それは，
　①　楽しい授業・学級にする。
　②　子どもが主体の授業・学級にする。
でした。
　つまり，「楽しさ」と「主体」をキーワードに教師として子どもと向き合っていく中で取り組んでいこうと考えました。
　恩師の吉永幸司先生が，「子どもが汗をかく授業を考えなさい」と教えてくださったことがあります。学生の頃に教えていただいたこの言葉が私の心に強く残っていました。苦しい時，それが再確認されたのだと思います。
　また，「子どもが席にじっと座って話を聞かなくてはいけない」という授業に対する「観」も転換されました。
　子ども達が話を聞いてくれないことに，いら立ちや焦りが最初はありました。しかし，逆にいえば，子ども達の声を聞いていない自分にも気づきました。そこで，思い切って，「立ち歩いてもよい，話をしてもよい」授業を考えていったらどうだろうか，と考え方そのものを変えました。これが，その後の自分自身の実践につながっていきました。
　失敗や苦労の中で，もう一度決意をもって取り組むことと，今までの前提や考え方をひっくり返し，新しいものにしていくことで，私と子どもの関わりは大きく変わったと考えています。

第2章　初任時代の失敗・苦労を分析する

失敗や苦労 ＋ 「観」の転換と再確認 ＝ 新しい実践の創造

キーワードは「楽しさ」と「主体」。

> **Point 私のつぶれかけヒストリーから生かせること①：**
> 　苦しかった時，もう一度「なぜ教師になろうと思ったか」「どんな教育がしたいか」といった原点に戻れたことがその後の私の成長を促しました。苦しい時，自分はこれをするんだと，もう一度自分の考えをはっきりさせることが転機になると思います。

② 教えるから学ぶ意識へ

　私自身，優れた教師ではないと思っています。達人教師でもなければ，スーパー教師でもありません。子ども達の評価も気にしますし，仕事もすごくできるわけではありません。

　しかし，なぜ，今までつぶれなかったのか。または，初任以降，楽しく仕事ができるようになったかを考えると，それは，「教える」意識ではなく「学ぶ」意識が強かったからだと考えています。

　苦しかった初任時代，実は本をほとんど読まず，研修会などにも出たいと思わない時がありました。一方で，好転し始めた頃は，時間があれば読書をし，研修会などにも積極的に参加しようとしていました。

　つまり，苦しい時ほど，子ども達を「何とかしよう，教えよう」という考えでした。しかし，いかに教師として学ぶかを意識し，自分自身がたくさん学んでいく中で，私も子どもも大きく変わっていったのだと考えています。

　また，教えるから学ぶ意識へ変えることは，教師だけではなく，子どもへの「観」の部分の転換も意味します。東北福祉大学の上條晴夫先生は次のように述べています。

> 　「スタート地点になっているのは学級崩壊です。学級崩壊のなか，子どもたちが守れなくなった教室ルール（＝しかけ）が『黙っている』『座っている』の２つでした。
> 　従来型の授業では，授業が始まると子どもたちは『黙って』『座って』を要求されます。教師は『黙って。座って。そして（教師を）見て』と言います。『よそ見』などもってのほかです。一方の教師はというと，黒板の前に仁王立ちをして，しゃべりたいことをしゃべりたいようにしゃべり，動きたいところを動きたいように動きまわります。このルールの意味はなにか。こうすると，とても教えやすいからです。」
> （メールマガジン「学びのしかけプロジェクト」34号，2010年9月17日発行）
> 　　　http://www.mag2.com/m/0000158144.html

第2章 初任時代の失敗・苦労を分析する

　私は,「教師目線」からではなく,「子ども目線」で授業や学級を組み立てていったことがつぶれずに成長できていったことではないかと考えています。

> **Point 私のつぶれかけヒストリーから生かせること②：**
> 　上條先生も述べていますが，まずは，教師が教えやすいことを考えるのではなく，子どもがいかに学びやすいかを考えることが重要です。そうしないと子ども達は離れていってしまいます。そのためには，教師はクラスの一番の学習者になるという意識が大切です。

55

③　多くの先生方との出会い

　やはり，教師として成長できるのは，私は「人」との出会いだと考えています。

　苦しい時，困った時，私には常に相談し，教えを請うことができる先生方が多くいました。そして，実践や理論から学べる先生が多くいました。そのことが失敗しても次につなげていける原動力になったのだと思います。

　多くの先生方は，実際の出会いだけではありません。雑誌や書籍などの本であってもそれがいえます。

　例えば，私が苦しい時，佐藤正寿先生の『**授業のアイデア　授業を楽しむコツ70　3・4年**』(家本芳郎監修，ひまわり社)に出会いました。書店で何気なく手に取った本でしたが，夢中で読み，実践にすぐ応用したのを覚えています。さらに，そこから**家本芳郎先生**の本を夢中で読んだことを覚えています。

　「詩のボクシング」であっても実際に青木先生に出会うことがなければ，実現することはありませんでした。さらに，大学生の頃，小幡肇先生の授業を見ていなければ，子どもが中心の授業を創っていこうと考えることはなかったと思っています。

　つまり，今の私を支えてくれる「観」や「技」は，多くの先生方との出会いによって生まれたとはっきりといえます。

　苦しい時ほど，出会いを大切にしたことが，つぶれない原因の1つになったのだと思います。

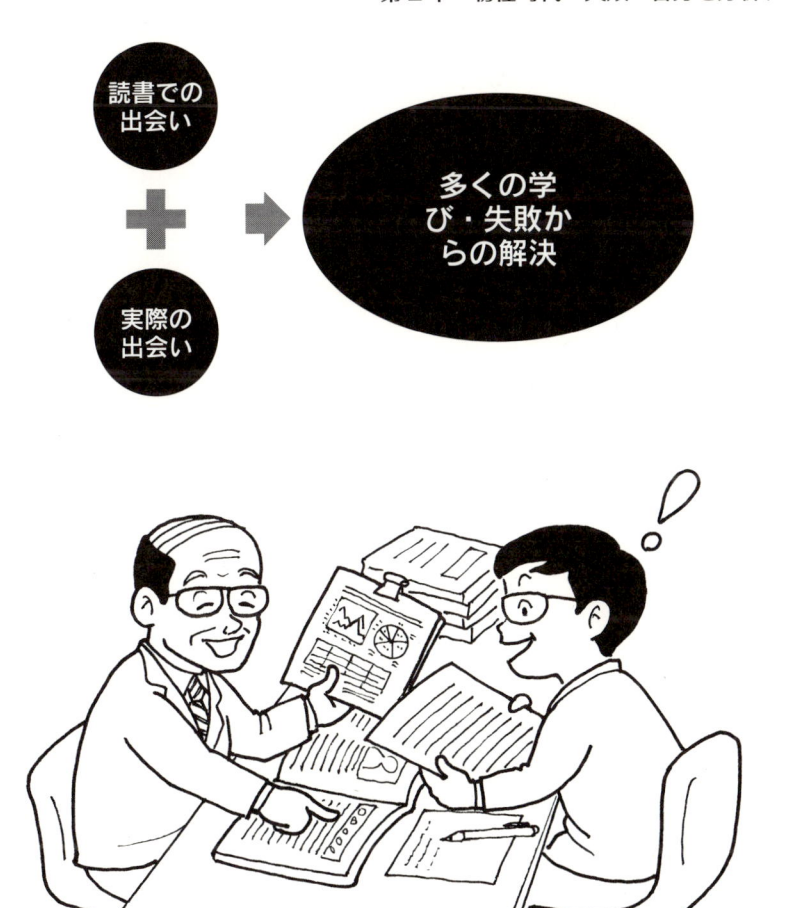

第2章 初任時代の失敗・苦労を分析する

```
[読書での出会い] ＋ [実際の出会い] → [多くの学び・失敗からの解決]
```

> **Point 私のつぶれかけヒストリーから生かせること③：**
> 　多くの素晴らしい実践家に出会うこと。これが一番教師としての成長につなげることができます。忙しくても学びにでかけることをおろそかにしてはいけません。もちろん，本を読むことも大切です。本を読み，その実践家にじかに教えてもらえれば最高の学びになります。

57

④ 自分の「技」をもつ

どんなに「自分がこうしたい」と「観」をもっても，それを具現化できる「技」がなければ，決してうまくいきません。

初任時代のもがき続けた6月，7月はそんな時期だったと思います。

しかし，そんな中で，子どもに問題を考えさせて，宿題のプリントを作成したり，学級だよりを発行したり，ワークショップ型の授業を行ったりすることで，授業も学級も安定してきました。つまり，自分の「観」に対して「これならできる」という「技」をもつことで厳しい状況から脱することができたと思います。

これは，授業や学級づくりの「技」だけではありません。

- ライフワークバランス（生活と仕事のバランス）をいかに取るかの「技」。
- 仕事に効率よく取り組む「技」。
- 同僚の先生と仲良くなる「技」。
- 子どもとの関係を保つ「技」。

など，自分の「観」に対する様々な「技」を身につけていく必要があります。

現在も決して全てが順風満帆ではありません。失敗もありますし，悩むことも少なくありません。しかし，何とかやっていけるのは，年々，状況に応じた「技」が増えていることが挙げられると思います。

「これなら何とかできる」という「技」が私の中で生まれ，それを増やし，広げていけたことが，私が今でも教師である理由だと思います。

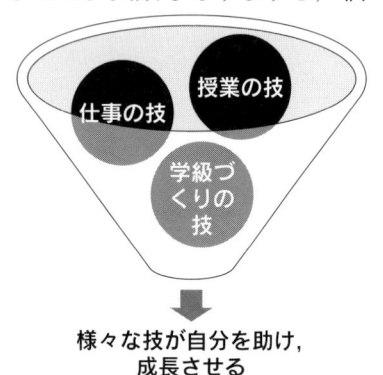

様々な技が自分を助け，成長させる

第2章　初任時代の失敗・苦労を分析する

> **Point 私のつぶれかけヒストリーから生かせること④：**
> 「教師としてこんな実践をしたい」と考えて，それを具体的にどうすればよいか順序をたてて進めていくことができた時，それが，「観」を「技」に変えることができた瞬間だと私は考えています。これは，「術」ともいえると思います。
> 　マイ技，マイ術をどれだけもてるかが教師を支えます。

59

⑤ 時間・仕事に対する考えの変化

　初任の頃，苦しんだ1つが通勤でした。

　その頃は，電車とバスでの移動でした。バスの本数はあまりないため，自宅からバス停までよく走った記憶があります。

　そこで，通勤時間を少しでも減らし，座席に座れるように乗るバス停を工夫しました。多少の交通費はかかりましたが，精神的にもリラックスすることができ，読書もできるようになりました。

　これは些細な行為かもしれませんが，時間術だと私は考えます。この時間が1年，2年と積み重なっていくうちに大きな時間を手にすることができました。

　このように，苦しんだ中で，時間の使い方や仕事の仕方を意識するようにしました。特に，

・重要な問題は何か。
・緊急性の高い仕事は何か。

を考えて仕事をするようになりました。

　時間術や仕事術は正直にいえば，初任時代に身につけることはできず，数年かかったといえます。しかし，初任時代から，仕事がより効率よくできるようにするにはどうすればよいか考えていたからこそ，今があるのだと思います。

お薦めの本：

長瀬拓也『**教師のための時間術**』（黎明書房）
　忙しい仕事環境の中で，どうしたら楽しく充実した教師の仕事ができるかを考えた一冊です。具体的に，どのように仕事をしていけばよいかを学級づくりと授業づくりの両面から考えています。実際に私の苦しみや反省から生み出された実用書です。

第2章　初任時代の失敗・苦労を分析する

仕事に軽重をつけ テキパキと！

> **Point 私のつぶれかけヒストリーから生かせること⑤：**
> 「時間術」といわれる本は，書店にいけばたくさんあります。学校の先生方を苦しめる理由の1つが多忙化です。多忙化への対応をすることで，苦しい状況を大きく変えることにつながっていきます。

⑥ 読書の効果

教師になってから読書の量はとても増えました。

教育書に限らず，ビジネス書など違うジャンルにも及ぶようになりました。

齋藤孝『読書力』（岩波新書）に学生の頃に出会い，読書は出会いだと学びました。それを初任の頃，本当に強く感じました。『読書力』の言葉を借りれば，読書をするということは，「作者に出会う旅」だといえます。

「読書をすれば，すぐ解決するか」
と聞かれれば，答えは「否」だと思います。

しかし，読書をすることで，自分の「観」が定まり，新しい「技」のアイデアやきっかけも得られます。

教師にとって読書とは，知のトレーニングだと考えています。

プロスポーツ選手がトレーニングをするように，「教えのプロ」「学びのプロ」である教師も知のトレーニングが必要だと思っています。

私もすぐに効果が出たとはいえませんが，読書量が増え，自分の中で考えがはっきりもてるようになり，仕事も少しずつできるようになっていったと振り返ることができます。

お薦めの本：

長瀬拓也『若い教師のための読書術』（ひまわり社）

　私が初めて書いた本です。

　読書をしたい。しかし，何を読んでいいか分からないといったある学生の方の声に対して書いたものです。

　読書の仕方から効果まで，教師と読書の視点で書いたもので，本書の原型ともいえる一冊です。

第2章 初任時代の失敗・苦労を分析する

まず本を読もう！

Point 私のつぶれかけヒストリーから生かせること⑥：
まずは，本を読みましょう。そこから始まると思います。
かつて大村はまさんが，教師は本を読まないと嘆かれていました。
一冊の本が教師人生を変えることがあります。

黎明書房

〒460-0002
名古屋市中区丸の内3-6-27 EBSビル
TEL.052-962-3045
FAX.052-951-9065／052-951-8886
http://www.reimei-shobo.com/
E-mail:info@reimei-shobo.com
東京連絡所／TEL.03-3268-3470

■価格は税[5％]込みで表示されています。

黎明ニュース
新刊・近刊案内

2010.11
-2011.1月

NO.144

● 8月・9月・10月の新刊　★ホームページではより詳細な新刊情報を発

仕事の成果を何倍にも高める 教師のノート術

悠ち3刷！ 達人教師が究極のノート術を大公開！

大前暁政／著　　　　　　四六判　148頁　定価1575円

ノートを活用した授業細案の書き方，学級開きやイベントの計画の立て方等，今すぐ誰でもでき，仕事の成果を何倍にも高めることができる極めつきのノート術を達人教師が公開。

教師のための携帯ブックス ⑧子どもも先生も思いっきり笑える 爆笑授業の作り方72

中村健一／編著　悠ち重版！　B6判　94頁　定価1260円

スーパーお笑い教師・中村健一先生の「お笑い」シリーズ最高傑作！　現役教師たちが実践している，毎日の授業を楽しくするネタの数々をあますところなく紹介。爆笑ネタ満載！

大好評発売中！ コンパクトで内容充実！ 授業で，学級経営で大人気！

①子どもも先生も思いっきり笑える73のネタ大放出！　中村健一著　定価1260円 
②知っているときっと役に立つことわざ3分間話＆クイズ
　村上幸雄・石田泰照著　定価1470円
③42の出題パターンで楽しむ痛快社会科クイズ608
　蔵満逸司・中村健一著　定価1260円
④考える力を楽しく育てるなぞなぞ＆学習クイズ85
　石田泰照・三宅輝聡著　定価1260円
⑤42の出題パターンで楽しむ痛快理科クイズ660
　土作彰・中村健一著　定価1260円
⑥思いっきり笑える爆笑クラスの作り方12ヵ月
　中村健一編著　定価1260円
⑦クイズの出し方大辞典付き
　笑って楽しむ体育クイズ417
　蔵満逸司・中村健一著　定価1260円

● 11月・12月・1月の新刊　　諸般の事情により，刊行が遅れる場合がございますので，ご了承下さい。

木曽健司のオリジナルカットシリーズ
木曽健司／著　Ａ５判　定価各1575円　11／上刊　新シリーズ!!

①木曽健司のクラスだより・園だより集＆給食だより・保健だより　132頁
コピーして書き込むだけで，心にとどく手づくりおたよりが完成！　文章例付き。

②木曽健司の季節・行事・お約束カット集＆あいうえおカード　126頁
かわいくて使いやすいイラスト満載。手づくりの年賀状やお見舞はがきも収録。

新版 ストップ・ザ・オーバートレーニング―競技力向上のための正しいトレーニング法
新畑茂充／著　四六判　156頁　定価1785円　11／中刊

選手生命を縮める過剰なトレーニングを戒め，科学的トレーニング法を詳述。

お年寄りが笑顔で楽しむゲーム＆遊び⑤
車椅子の人も片麻痺の人もいっしょにできる楽しいレク30＆支援のヒント10
斎藤道雄／著　Ａ５判　94頁　定価1680円　11／下刊

介護スタッフのレク支援の仕方ものっている，待望のハンディのある人のゲーム集。

黎明ポケットシリーズ④
子どもが笑う！　クラスが笑う！　保育のお笑いネタ50
原坂一郎／著　Ｂ６判　117頁　定価1365円　12／上刊

カリスマ保育士と呼ばれた著者が，クラスのどの子も笑顔になれる技を公開。

子ども家庭福祉論―児童や家庭に対する支援と児童・家庭福祉制度
星野政明・増田樹郎・真鍋顕久／編著　Ａ５判　214頁　定価2310円　12／中刊

よくわかる絵画療法② よくわかるコラージュ法（仮）　新シリーズ!!
加藤孝正／監修　杉野健二／著　Ａ５判　208頁　予価2520円　12／下刊

コラージュ法の手順や作品の読み解き方が，事例を通してしっかり学べます。

新シリーズ!! 歴史壁面クイズで楽しく学ぼう
Ｂ５判　78頁　定価各1785円

①縄文時代～平安時代
阿部隆幸・中村健一／著　12／中刊

②鎌倉時代～江戸時代
中村健一／著　12／下刊

③明治時代～平成
阿部隆幸／著　1／上刊

コピーして貼るだけ！　歴史壁面クイズ201問（各巻67問）で楽しく知識の定着が図れます。教室の掲示板にも活用でき，毎日貼りかえても1年使えます。遣唐使を廃止したのは誰？／他。

▼読者のおたより

▶重度の障害を持つお子さんの「快」の感情をひきだせる体操が多数あり，即実践できると思った。著者の方々の温かい思いが伝わってきます。（38歳・養護教諭）『肢体不自由のある子の楽しいイキイキたいそう（CD付）』定価2520円 ▶今，常勤講師をしており，子どもとの関係に悩んでいるので，とても参考になった。（22歳・常勤講師）『思いっきり笑える爆笑クラスの作り方12ヵ月』定価1260円 ▶マンガも多く，とてもわかりやすくて，読んで楽しかったです。役立ちます！（40歳・女性）『カウンセラーがやさしく教えるキレない子の育て方』定価1260円 ▶ますますおもちゃ作りが楽しくなりそうです。（39歳・女性）『おもちゃインストラクター入門』定価2100円 ▶イラストと説明がとてもわかりやすかったです。どれも参考になり，子どもたちと実践していくのが楽しみになりました。（25歳・保育士）『0～5歳児のおもいっきり楽しめるコーナーあそび38』定価1680円

皆さまのお声をお待ちしています！

● 自費出版お引き受けします ●

【「自費出版」原稿募集のお知らせ】

　黎明書房の60余年にわたる出版活動の経験を生かし，自費出版のお手伝いをいたします。出版をご希望の原稿をお持ちの方は，小社「自費出版係」まで，詳細をお問い合わせください。
Tel.052-962-3045　E-mail:info@reimei-shobo.com
（小社の方針に添わない場合は，出版をお引受できない場合があります。）

第3章

失敗・苦労を生かし，成功に導く「観」と「技」

　もう一度，「観」という言葉を振り返ってみましょう。
　「観」とは，三重大学の森脇健夫先生の言葉を借りると，「教師の内的世界を統一する核となるのが『観』である。つまり，授業観，子ども観，さらには知識観や人生観など，こうしたものの集合体」(『授業づくりネットワーク』2010年3月号)です。
　ちなみに「技」とは，「教師の内的世界を統一する核である『観』を具現化する方法である。つまり，子どもへの関わり方，話し方，伝え方，準備の仕方まで含めた学級・授業の指導方法や知識，さらには仕事の取り組み方，同僚・保護者の接し方など，教師としての仕事全般にかかわる集合体」と私は定義しています。
　私は，「観」や「技」を意識してもつことが，失敗や苦労から教師を逆に成長させる力となると考えています。そこで，私の学級担任・授業者としての「観」と「技」について紹介したいと思います。

1　学級担任としての
　　　成功に導く「観」と「技」

　私は多くの失敗や苦労をしてきました。また，今でも苦しみながら実践をすることがあります。
　その中で，今の私を支えてくれる学級担任としての「観」，つまり心構えや考え方を以下のように挙げることができます。

第3章 失敗・苦労を生かし，成功に導く「観」と「技」

中央: 学級担任としての「観」と「技」

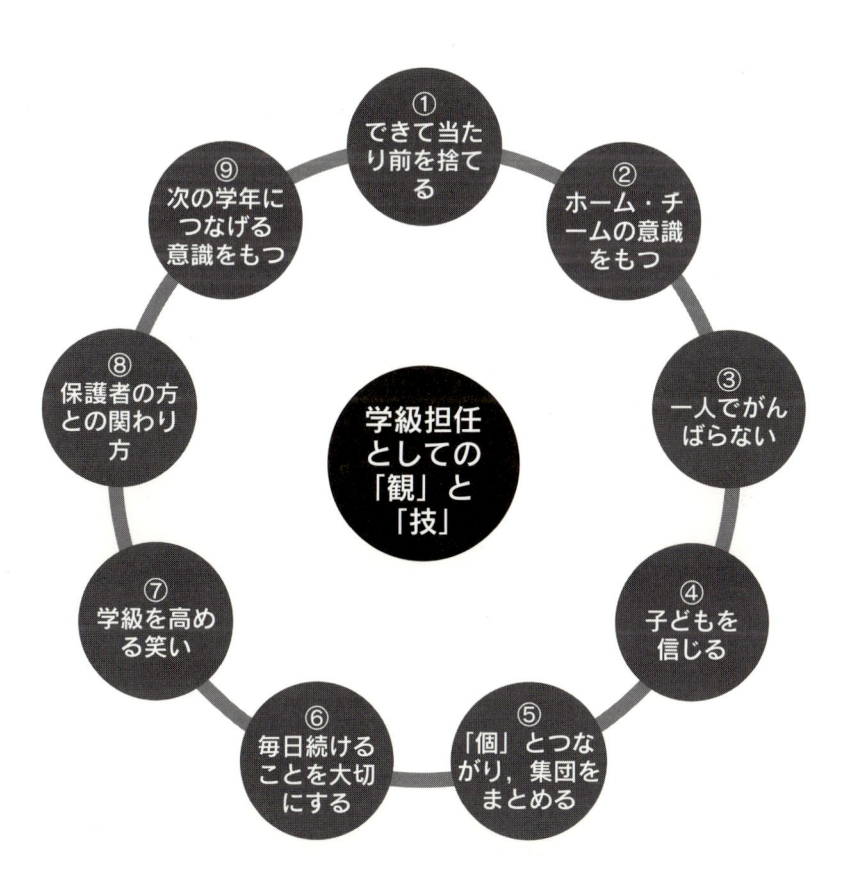

① できて当たり前を捨てる
② ホーム・チームの意識をもつ
③ 一人でがんばらない
④ 子どもを信じる
⑤ 「個」とつながり，集団をまとめる
⑥ 毎日続けることを大切にする
⑦ 学級を高める笑い
⑧ 保護者の方との関わり方
⑨ 次の学年につなげる意識をもつ

① できて当たり前を捨てる

多くの失敗から，私は学級を創るにあたって，「できて当たり前」という意識を捨てることにしています。

これは，初任の頃に「できて当然，当たり前」と思って，子ども達の責任にしていた私の反省からきています。代わりに，

- **・何ができ，何ができないか，しっかりと知ること。**
- **・小さなことでも，子どもが「できたこと」を大切にすること。**

を意識しています。

発達段階を考えれば，できて当然だといわれることもあるかもしれません。

例えば，給食や掃除などの活動がそれに当たります。子ども達だけでしっかりできればできるほど，それが当たり前のことのように感じてしまいます。

しかし，よく見てみると，

- ・一部の子どもしかやっていない。
- ・リーダーシップをとって，一生懸命取り組んでいる子がいる。

など，当たり前の活動の中に，問題点や子どものよさやがんばりといったことが出てきます。

また，子ども達が「なかなか話を聞かない」

と嘆くのではなく，具体的にどういう状況か「見極める」という作業が必要です。

その上で，

- **・小さなことでも，できたことを評価する。**

という教育的指導や行為がとても重要です。

小さな発見や小さな育ちを見つけ，喜びを感じられる「観」をもつことが，これからの教師には特に大切になると考えています。

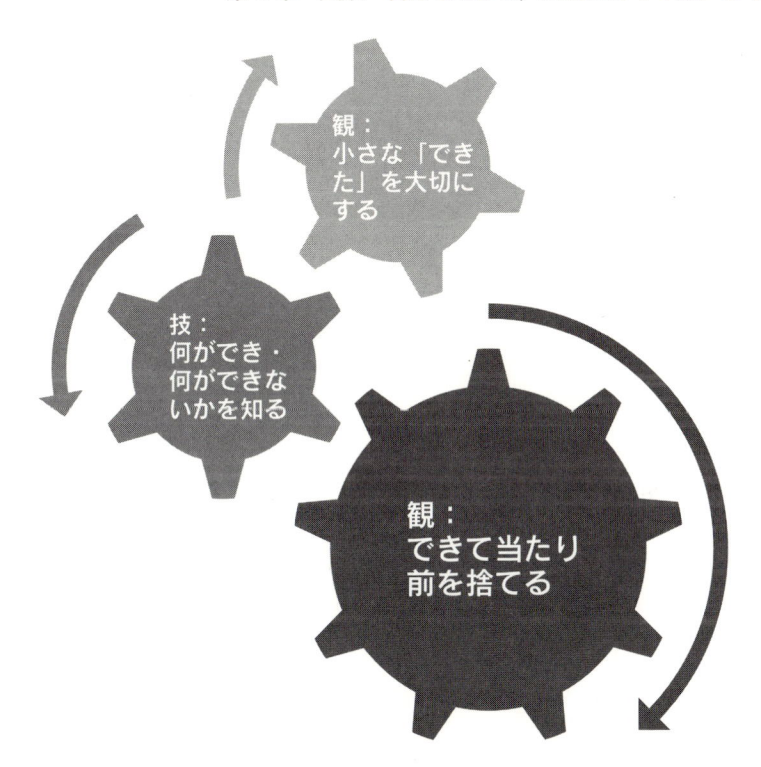

第3章 失敗・苦労を生かし，成功に導く「観」と「技」

観：
小さな「できた」を大切にする

技：
何ができ・何ができないかを知る

観：
できて当たり前を捨てる

> **お薦めの本：**
> 家本芳郎『＜教育力＞をみがく』（子どもの未来社）
> 「指導」とは何かを考えさせてくれる名著です。

> **Point 私の「観」と「技」から生かせること①：**
> 　既成概念や固定観念というものを取り払うという行為が若い先生，特に大学を卒業したばかりの先生には必要なことです。
> 　「授業は○○だ」「子どもは○○だ」という既成概念を目の前の子どもに応じて変えていく必要があります。

② ホーム・チームの意識をもつ

　クラスがバラバラで上手くいかない時がかつてありました。
　その経験から，常にホーム・チームとしてのクラスを創っていく意識をもつようにしています。
　その１つが，学級目標，つまり，クラスのめあてです。
　低学年のクラスをもっていた時は，帰りの会などにクラスのめあてを読んでから帰りのあいさつをするようにしていました。
　「えがおピカピカがんばるクラス，さようなら！」
というようにです。
　また，中学校や高学年のクラスをもっている時には，学級目標を考えながら，運動会や体育大会への個人目標を書かせる取り組みをしました。
　学級目標・学級歌・学級キャラクター（マーク）を「学級づくりの３種の神器」といった校長先生がいらっしゃいましたが，ここまですれば，子ども達の学級への思いは高まってきます。
　また，**クラスのためにがんばった子をほめる「今日のヒーロー」**というコーナーを帰りの会で取り入れたことがありました。
　もちろん，そこまでいかなくても，学級の一員として取り組んでいくことの大切さや「このクラスが好き」という意識をもつように話をするだけでも効果的です。始業式に，
　「１年間の宿題は，このクラスが大好きになることです」
と話したこともあります。
　大切なことは，
　自分はこのクラスの一員なんだという帰属意識。
　自分はこのクラスでよかったと思える安心感。
　自分はこのクラスをよくしていきたいという向上心。
をもつことができる学級にすることを常に意識して取り組んでいます。

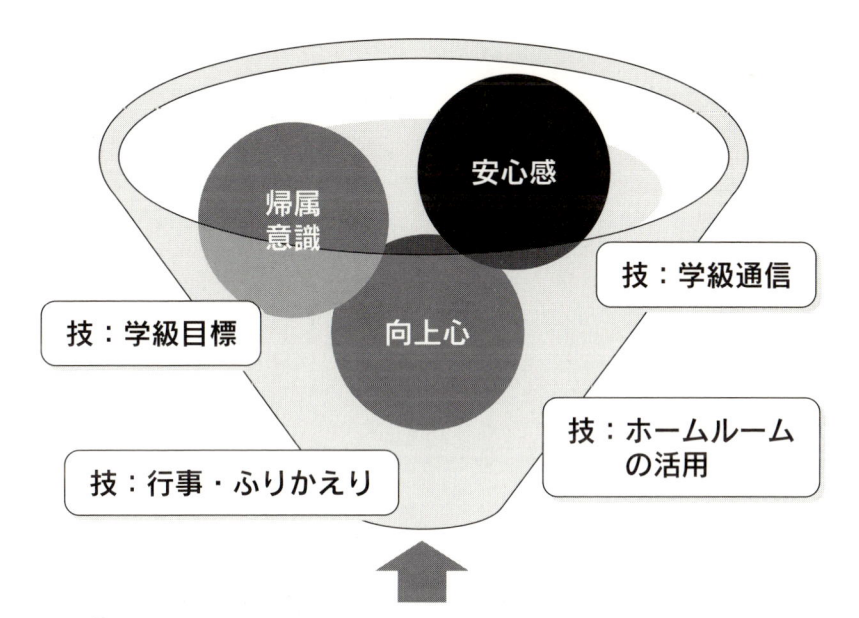

第3章 失敗・苦労を生かし，成功に導く「観」と「技」

安心感
帰属意識
向上心
技：学級目標
技：学級通信
技：行事・ふりかえり
技：ホームルームの活用

観：ホーム・チームとしての
クラスづくり

> **Point 私の「観」と「技」から生かせること②：**
> 「HR（ホームルーム）」という言葉があります。できれば，帰りの会や朝の会をこの言葉の通り，アットホームな活動にしたいものです。皆で笑ったり，誰かをほめたりする活動を1つでも取り入れるとよいと考えます。

71

③ 一人でがんばらない

　若い先生，特に初任の先生に多いことですが，自分で何とかしようと思い続け，苦しくなります。

　だから，一人で何とかしようとせず，すぐ相談する，仲間からの意見をもらうなど，大勢で関わっていく姿勢が必要です。

　特に，
「教室では一人でも，実は自分の背後には見えない応援がいる」
そんな気持ちでがんばっていくことが大切です。

　また，一人でがんばらないということは，教室で，教師一人でがんばらないという意味でもあります。

「**子どもにできることは子どもに**」
を大切にしています。

　例えば，班長や学級委員など，先頭に立ってがんばってくれる子ども達がいます。また，うまくいかないクラスであっても必ず先生の応援者はいるものです。そうした子ども達の力を借りながら取り組んでいく必要があります。

　指示を先生ばかりがするのではなく，子ども達が自分で考え，自分で取り組む「自治」の意識が必要です。教室で汗をかき，一生懸命取り組むべきは子どもです。先生だけがはりきるのではなく，いかに子どもを動かせるか，気持ちよく動けるか考え，指示を出すようにしています。

　特に意識をしているのが，リーダーの存在です。

　班長・係長・学級委員など，多くのリーダーを創り，組織させます。

　中学校では，学級委員や班長が主体となって動くことが多くありますが，これは小学校でも可能だと思います。

　生徒が主体となって，「一緒にやろうよ」とボトムアップで創っていくことは，教師が「やりなさい」とトップダウンで落としていくよりも

第3章 失敗・苦労を生かし，成功に導く「観」と「技」

時間はかかりますが，子ども達は気持ちよく仕事をすることが可能になります。ただし，トップダウンも必要です。

トップダウンとボトムアップの両方を生かしながら，**子どもと一緒に学級を経営していく方法が必要**です。

トップダウン

計画性をもった教師の働き
技：先を見通した学級経営
技：教師の明確な指示・指導
技：ルールの徹底
技：学級経営の強いリーダーシップ

観：教師一人でがんばらない

子どもと一緒につくる

ボトムアップ

子ども達の自治的な働き
技：班長を中心とした活動
技：効率・公平な当番活動
技：楽しい学級づくりやレク・遊び

> **Point 私の「観」と「技」から生かせること③：**
> 　教師や子ども達の実情，学年それぞれによって，トップダウンかボトムアップかその軽重は変わってきます。若い先生で，ボトムアップでいきたいと願う方が多くいますが，場合によってはトップダウンで明確に指示を出していくことも必要だと思います。

④　子どもを信じる

　多くの先生方が使う
「子どもを信じる」
という言葉。
　しかし，私も含めて子どもを信じきることができる先生は多くはないと思います。子どもを信じて任せればよいのに，思わず声をかけてしまったり，余分なことをいってしまったりして，後悔することが多くあります。
　私自身，
「子どもを信じているか」
と聞かれれば，少し戸惑ってしまうことがあります。
　子どもに失敗させたくない，
　問題を増やしたくない，
　子どもにいい思いをさせてあげたい……。
　そんな思いから，どうしても子どもに任せてあげることができず，反省する毎日です。
　だからこそ，
「子どもを信じよう」
という思いを大切にしています。
　例えば，
「失敗してもよいので，1時間使って自分達だけで考えてこの課題を全員が解けるようにしてごらん」
と子ども達に任せることがあります。これは，上越教育大学の西川純先生が提唱されている学び合いの考えにとても近いものです。
　最初はうまくいかない，できないかもしれませんが，子ども達を信じて取り組ませると，子ども達は期待にこたえてくれます。

第3章 失敗・苦労を生かし，成功に導く「観」と「技」

「詩のボクシング」をした時も子どもを信じたから，あの実践が成功したと思います。学級掲示物の作成や班活動，席決めなども教師が**課題や思いをしっかりと伝え，その上で子どもを「信じて」させる**ことが大切だと思っています。

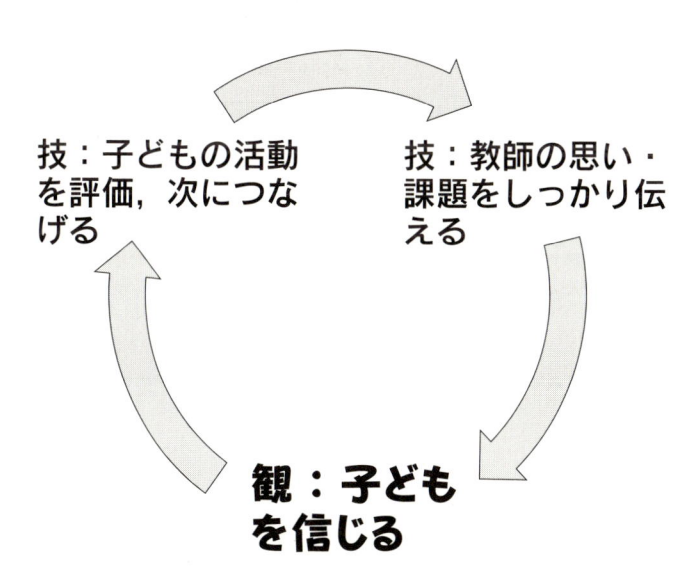

技：子どもの活動を評価，次につなげる → 技：教師の思い・課題をしっかり伝える → **観：子どもを信じる** → （循環）

> **Point 私の「観」と「技」から生かせること④：**
> ただ子どもを信じればよいのではなく，何をすべきかをしっかりと伝え，活動できるようにした上で，見守る意識が大切です。子ども達がうまくいかない原因は見通しの甘さや課題が明確でない場合が多くあります。

⑤ 「個」とつながり，集団をまとめる

畿央大学の島恒夫先生に，メールをいただいたことがあります。

その時，私は大学を卒業したばかりでした。

島先生のメールには，学級づくりの基本として，子ども達一人ひとりとつながりながら，集団をまとめていく大切さを激励と共に述べられていました。本当にメールを読んで感激したのを覚えています。

・一人ひとりの「個」とつながり，集団をまとめる。

これが，学級づくりにおいて極めて重要な「観」だと思っています。

私は，意識的に集団には厳しく注意しますが，一人ひとりには楽しく，そして明るく接するように心がけています。もちろん，ルールを破るなど，全体に迷惑をかけてしまった時には一人ひとりに対しても注意し叱ります。

逆に，全体に優しく温かく接し，一人ひとりに厳しい先生もいます。

これも私はよい方法だと思います。つながることは，優しさだけではないと思います。

ただし，これは，教師それぞれのよさや向き不向きがあるので，自分にあった方法を取るべきだと思います。

小学校（中学校においてもいえるかもしれませんが）において，**「個」とつながり，集団をまとめる方法の1つが「遊ぶ」**ことです。

かつて，私も小学校の高学年担任の頃，毎日昼休みに子どもと遊ぶように心がけていました。学級を組織する方法は多くありますが，若い先生にとって一番すぐできる方法は休み時間に遊ぶことです。また，クラスで遊ぶことも大切にして取り組むようにしていました。

一方で，授業はメリハリをつけます。

時間を守ったり，話し方を丁寧にしたりして，休み時間とは違う雰囲気をつくれるように意識します。

第3章 失敗・苦労を生かし，成功に導く「観」と「技」

・休み時間の身近な先生と授業中のちょっと距離をとった（厳しい）先生

という距離感を工夫するようにしています。

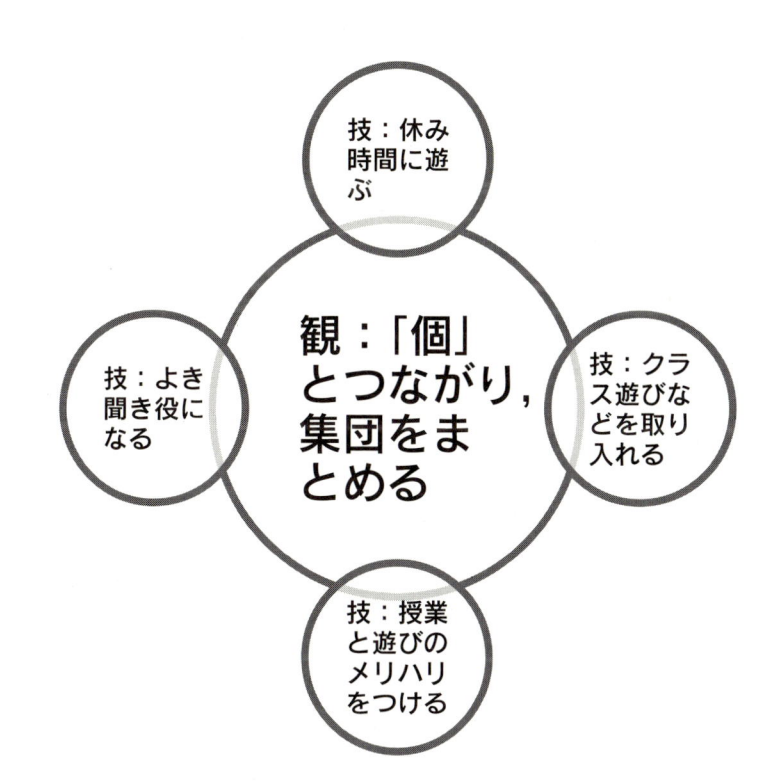

```
                技：休み
                時間に遊
                ぶ

技：よき              観：「個」              技：クラ
聞き役に            とつながり，            ス遊びな
なる                集団をま              どを取り
                める                入れる

                技：授業
                と遊びの
                メリハリ
                をつける
```

> **Point 私の「観」と「技」から生かせること⑤：**
> 　よく話をする場をつくることが大切です。1日を振り返ると，クラス全員と話すことがない日が実は多くあります。
> 　挨拶や声かけ，ほめるなど，どんな方法でもよいので「一声かける」ことも大切なことだと思います。

77

⑥ 毎日続けることを大切にする

　私は学級が今でも壊れないかと不安になることがあります。どんなに学級がうまくいっていても心配してしまう自分がいます。それは，初任時代の苦い思い出からきていると思います。

　不安を克服するには**常に，学級を向上させ，よりよくしていかなければなりません。それには，継続して思いを伝えていったり，関係を創っていったりすること**だと考えています。そこで，取り組んでいるのが，

　・学級通信
　・日記

の２つの取り組みです。

　・学級通信

には，

　・教師としての学級に対する思いや方向性を示す。
　・仲間のよさを伝え合う。

の２つを大きな柱にして取り組んでいます。中学校で担任をもつようになってからは，

　・学習や進路への意識をもたせる。

ことも大切にしています。

　日記や学級通信を毎日続けることは，時間との勝負でした。

　そのため，学級通信は，１週間分の内容をまとめておおまかに書くようにしたり，５分でも空いた時間を使って取り組んだりするようにしました。写真などを多く入れたり，文字を大きくしたりすることで，無理なく取り組めるような工夫をしています。

　また，日記は，中学校では教科担任なので空いた時間もありますが，小学校の担任をしていた頃は，子ども達が作業をしている時や子ども達だけで進めていける時，空いた時間などを効率よく使っていきました。

第3章 失敗・苦労を生かし，成功に導く「観」と「技」

教師も子どもも自分の課題に熱心に取り組む時間があってもよいと思います。さらに，その日の内に見ることができず，返せない場合があるので，日記のノートを2冊にして，交互に提出させるようにしていました。

観：毎日続けることを大切にする

学級通信
- 技：1週間分をおおまかに作成し，無理なく続けるようにする
- 観：学級に対する思いや方向性をもたせる
- 観：仲間のよさを伝え合う

日記
- 技：日記ノートを2冊兼用
- 技：スキ間時間を使って，効率的に見てコメントする
- 観：一人ひとりとつながる
- 技：子ども達の様子や考えを知る

> **Point 私の「観」と「技」から生かせること⑥：**
> よく聞くのが，「私は学級通信が毎日書けないので……」という声です。私は学級通信を書くことを多くの人に薦めるわけではなく，毎日何か子どもとの関係を築く行動を1つでも続けることが大切だといっています。毎日遊ぶでもいいと思います。継続は力になります。

⑦　学級を高める笑い

　私の尊敬する先生に山口県の中村健一先生がいらっしゃいます。中村先生は，今の教室，学校の先生には，**「笑いとフォローが必要だ」**と訴えておられます。

　まさに，中村先生がおっしゃるように，「辞めたい」「苦しい」と思う時ほど笑いが必要です。学級がうまくいかない時や苦しい時ほど，ゆとりをもち，笑いを多くしようとする気持ちが大切です。

　といっても，なかなかできないと思います。それは，とても分かります。私自身もうまくいかない時，笑いがありませんでしたし，顔がひきつっていた気がします。しかし，その状態を続けるとどんどん暗くなっていきます。だからこそ，意識的にあえて笑いやゆとりを自分の中で生み出していこうと考えています。

　とにかく，子どもと関係をつくるために必要なことといえば，「笑い」です。

　相手を馬鹿にする「笑い」ではなく，クラスを温かくする「笑い」が必要です。クラスがうまくいっていない時ほど，笑いがありません。すごく沈んでいます。

　私は教室で，**私自身の失敗談，恋愛話，子どもの頃の話，ゲーム**などをして，笑いや笑顔が出るように常に意識しています。

　「子どもとの関係がうまくいかなくなってきた」
　「厳しい」
という時ほど，笑いを入れるように取り組んでいます。

　私自身，小学校で担任をしていた時，1時間，笑い続けるようなことをしたり，きもだめし大会を2時間続けてやったりしたこともあります。少し暗さを感じるクラスだったのですが，冗談をいったりふざけたりすることができるようになり，明るさを感じるようになりました。

第3章 失敗・苦労を生かし，成功に導く「観」と「技」

> # 観：笑いは学級を高める

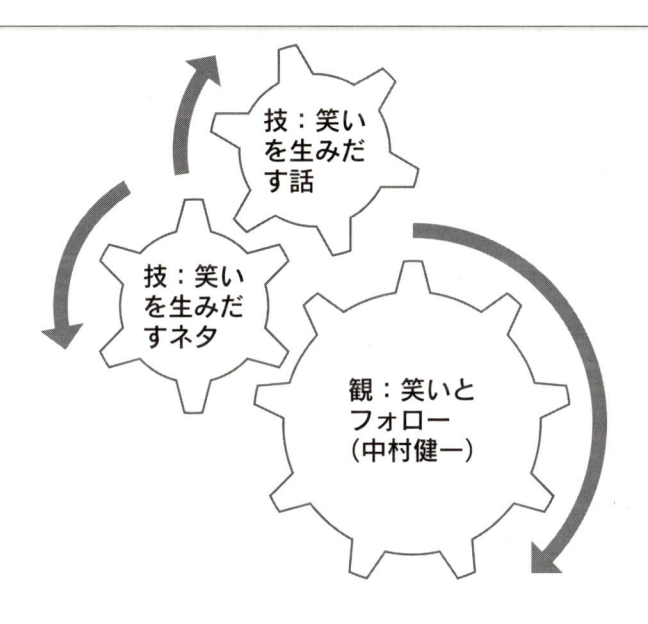

- 技：笑いを生みだす話
- 技：笑いを生みだすネタ
- 観：笑いとフォロー（中村健一）

> **お薦めの本：**
> 中村健一『子どもも先生も思いっきり笑える73のネタ大放出！』(黎明書房)
> 　笑いをいかに学級で生み出すか。若手に必ず読んでほしい一冊です。

> **Point 私の「観」と「技」から生かせること⑦：**
> 　「笑い」については，中村健一先生が日本の教育界の中で第一人者だと思います。ぜひ，先生の笑いのネタ本から多くのことを学んでください。ただし，笑いは相手を傷つけることや馬鹿にすることではありません。それは中村先生もよくいっていることです。

81

⑧　保護者の方との関わり方

　保護者の方が学校にクレームをいったり，訴えたりする話をよく聞きます。
　若い先生の悩みの1つに保護者の方への対応が挙げられます。
　まだ結婚せず子どものいない先生に対して，保護者の方に，
「気持ちが分からないのではないか」
といわれ，とても悩んだという話も聞きました。
　私自身も悩むこと，苦しむことがあります。

　そこで，まずは，保護者の方への対応として，
・誠意をもって対応する。
・すぐ連絡する。
・心配している，また認めていることを伝えていく。

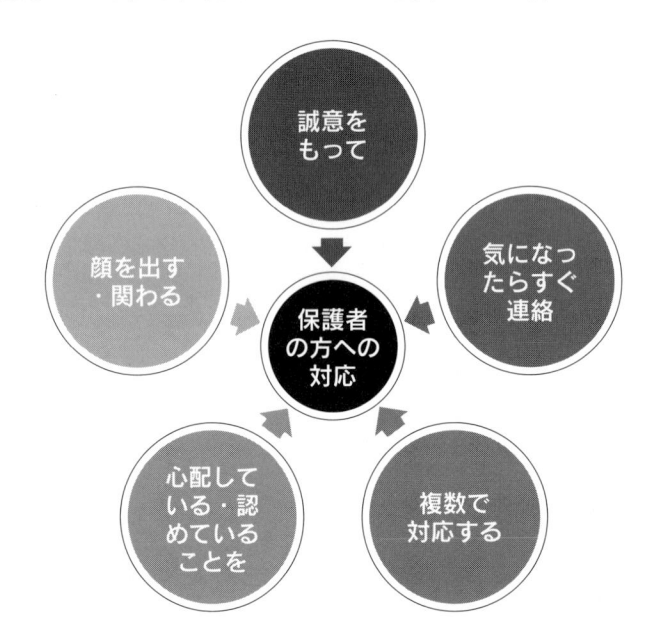

の3点が大切だと考えています。
　その上で，保護者の方が何を求めているか考えていくことも必要です。
　例えば，共働きの保護者の方でなかなか子どものことに関わることができない方もいれば，ご家庭にいて子どもの学習について強い関心がある方もいらっしゃいます。
　これは，学校や学年，地域によっても大きく異なります。
　保護者の方は何を求めているか，何を期待しているか。
　保護者の方の気持ちや思いを探っていくと，懇談会や家庭訪問などでそれを伝えていくことができます。
　大切なことは，保護者の方に先生の協力者になってもらうことです。
　そのため，保護者の方の気持ちに立つことが重要です。

　＜常に複数で対応する＞
　事件が起きたり，問題が発生したりした場合は必ず複数の教員で対応します。「何とかしなくちゃ」と思う気持ちを抑え，まずは，報告・連絡・相談をしてから，先生方と今後どうしていくか対応を話し合ってから動きます。

<一本の電話が大切>
　一本の電話をしなかったために，あとで話し合う時間が増えたり，苦情をいわれたりしてしまうことがあります。
　けがをした時はもちろんのこと，
　「これは，電話した方がよいかな」
と思った時は，電話をしたり，コンタクトをとったりするようにしています。
　「今日，こんなことがありまして。○○君，どうですか」
　「△△さん，お体どうですか。みんな心配していました」
など，一言でもよいので話をすることがとても大切です。
　また，できれば，
　「○○君，最近，挙手が増えてきています。がんばっていますね」
　「△△さん，そうじを一生懸命がんばっていますよ」
とよさを一言付け足すだけでも変わっていきます。

第3章 失敗・苦労を生かし，成功に導く「観」と「技」

<顔を出すことも大切>

　子どもの野球の試合やピアノの発表会などに誘われることがあります。忙しいかもしれませんが，私はできるだけ参加するようにしています。特に若い先生は，誘われたらいくべきです。

　ちょっと顔を出し，子ども達が学校以外で活躍する場を見ることは，保護者の方に対して関わりを増やすだけではなく，新しい子どもの一面を見ることにもつながります。

　自分から積極的に関わり，子ども達一人ひとりのよさを見つけ，伝えていくことが大切です。

> **Point 私の「観」と「技」から生かせること⑧：**
> 　保護者の方に苦しむことは私も多くあります。今，教師をしていれば，保護者との関わりで苦心されている方はほとんどです。ようするに，「みんな困っている」と思い，一人で悩まないことが大切です。困ったらすぐ，相談して心を楽にすることも必要です。

⑨ 次の学年につなげる意識をもつ

どの学校，どの学年でも大切にしていることが，

・次の学年につなげる意識をもつ。

という「観」です。

例えば，どんなに優れた実践をして，どんなに素晴らしい学級であっても，長くても数年，早ければ１年で担任は交代します。

つまり，

・どの先生，どの学年でも対応できる子ども

を育てていく必要があります。

小５や中２であれば，来年度の最高学年としての意識をもつ。

小６や中３であれば，進学・進路への意識をもつ。

というように，子ども達には常に，次への見通しをもたせていきます。

一方で，担任としても来年度の継続があまり見込まれなければ，学級を高めるだけではなく，次への学年を意識させることが必要です。

かつての私の失敗に，

「長瀬先生のクラスがよかった」

という大失敗例があります。

とても楽しく素晴らしいクラスを創ったのですが，

「次の先生は，『詩のボクシング』をしない」

「先生が遊んでくれない」

などと次の担任を困らせたことがあります。

こういうケースはよくあり，私も前の担任の先生と比較されて苦しんだこともよくあります。

この場合，「先生が」という意識が強いことが特徴的です。

つまり，自分達でクラスを創ったという意識や考えがややもすると弱く，「○○先生がいたからこそ」という意識が強くあります。

第3章 失敗・苦労を生かし，成功に導く「観」と「技」

そこで，常に自分達でクラスを創っていくという意識と，次の新しい先生のもとでがんばっていこうとする意識をもたせていくことが必要だと感じています。

- 技：次の学年への意識づけ
- 観：どの先生，どの学年でも学べる子を育てる
- 技：次の学年への意識
  ・学習
  ・生活
  ・仲間関係

> **Point 私の「観」と「技」から生かせること⑨：**
> 　中１ギャップなど，小６と中１の変化を意識して一部教科担任にしたり，中学校の先生の話を聞いたりする場を増やすなどの取り組みをしたこともあります。また，３学期は「学級を子ども達に還す学期」と先輩の先生から教えてもらったことがありました。
> 　学級王国ではいけません。大切なことは，学級の民主主義を確立することです。

2 授業者としての　　成功に導く「観」と「技」

　私が授業者として常に心がけているのは「観」と「技」です。この観は，読んでいただいている先生方それぞれ考えが異なると思います。これは，あくまでも私の観です。ただし，大切なことは，こうした「観」を自分なりに明確にして授業実践を取り組んでいくことだと思います。

第3章　失敗・苦労を生かし，成功に導く「観」と「技」

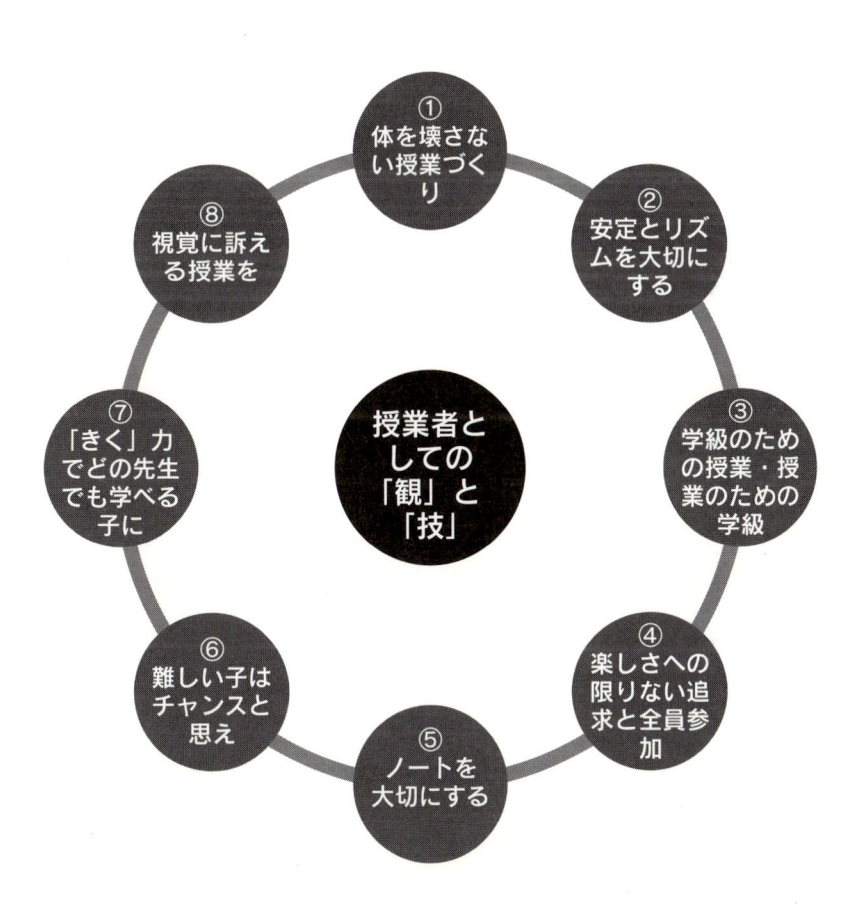

- ① 体を壊さない授業づくり
- ② 安定とリズムを大切にする
- ③ 学級のための授業・授業のための学級
- ④ 楽しさへの限りない追求と全員参加
- ⑤ ノートを大切にする
- ⑥ 難しい子はチャンスと思え
- ⑦ 「きく」力でどの先生でも学べる子に
- ⑧ 視覚に訴える授業を

中央：授業者としての「観」と「技」

①　体を壊さない授業づくり

　初任の頃は毎日2時過ぎまで授業づくりに取り組んでいました。そして体をよく壊しました。それから，私の中で，**いかに授業研究の時間を少なくしながら，より効果的な授業ができるか**を考えてきました。

　大学では，指導案を創り，模擬授業をします。

　教育実習でも基本的に指導案を作成して授業に取り組みます。

　これは，これで大切なことですが，研究授業に近いものであり，実際の普段の授業とは大きく異なります。小学校であれば，毎日5, 6時間分の授業をしなくてはいけません。内容も高学年になれば高度になりますし，専門外の教科もしなくてはいけません。そのため大変な思いをしている若い先生方も多くおられます。

　また，授業研究をがんばっていても，それは，授業の研究で，子ども達の力がついていないと感じることもありました。

　そこで，私が授業づくりで意識していることは，

　1　子ども達の力がつく授業にする。
　2　授業研究・教材研究の時間を短くする工夫をしながら，効果的な授業にする。
　3　無理をせず，少しずつ改良していく。

という3点です。

　その上で，取り組んでいることは，

　1　単元ごとでおおまかな計画を立てる。
　2　単元の計画は授業が始まる少し前から準備を始める。
　3　授業に一定の流れを創る。

という3点です。

　今勤務している学校は，大型テレビに資料を掲示することが可能です。そのため，今までのように印刷したものを掲示する必要もなくなり，時

第3章 失敗・苦労を生かし，成功に導く「観」と「技」

間を大変軽減することができています。また，プレゼンテーションソフトなどを使うと分かりやすいので，子どもたちにも評判です。こうした機器を使うことで，より効率的な授業が展開できます。

観
・子ども達の力がつく授業にする。

観
・授業研究・教材研究の時間を短く効果的になるように工夫する。
・無理せず，少しずつ授業を改善，改良する。

技
・単元ごとでおおまかな計画を立てる。
・単元の計画は授業が始まる少し前から始める。
・授業に一定の流れを創る。

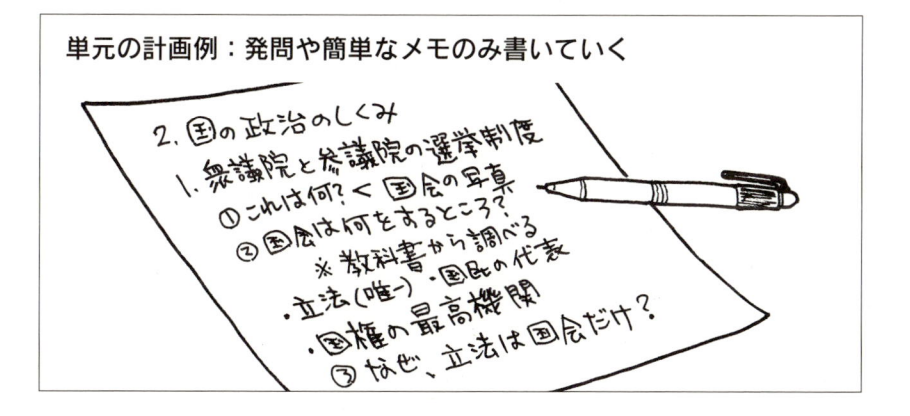

また，私は，常に
・固定観念を打破し新しい授業を創造する。
という「観」も大切にしています。常に挑戦者でなくてはいけません。

単元の計画例：発問や簡単なメモのみ書いていく

2. 国の政治のしくみ
1. 衆議院と参議院の選挙制度
① これは何？ < 国会の写真
② 国会は何をするところ？
※ 教科書から調べる
・立法（唯一）・国民の代表
・国権の最高機関
③ など、立法は国会だけ？

91

② 安定とリズムを大切にする

　ある程度，同じ学習の流れでいると，子ども達は，
「次は，この学習だな」
と安心して取り組むことができます。
　そのことを教えてもらったのが２校目の学校でした。
　学習の流れ，授業のルールなど，呼び方は様々ですが，ここでは，「授業の型」としておきます。
　この授業の型を決めておいて，続けていくと，学習の進め方が子ども達にとって分かりやすく明快なものになります。安定・安心して授業に取り組むことができるので，よいリズムも生まれてきます。
　特に，私は，
　・安定とリズムと楽しさ。
を授業を創る中でとても大切にしています。
　楽しさへの追求はこれから述べていきますが，安定とリズムを考えた授業でないと子ども達は不安になってしまいますし，飽きてしまいます。
　授業が明確で分かりやすい，安定・安心の意識は，特別支援教育やADHDなどについてソーシャルワーカーの先生に教えてもらったことが大きなきっかけになっています。
　授業の型については，教室に掲示したり，何度も繰り返したりして徹底させます。さらに，少しずつ改良したり，実態に合わせて調整したりすることもあります。慣れてきたら新しい授業の仕方で取り組んでみるのも新鮮に感じられます。
　また，授業の中は，なるべく教師が話さないという意識も大切にしています。話してしまうことも多くありますが，子どもが話し，書き，聴くという時間を増やせるように取り組んでいます。

第3章 失敗・苦労を生かし，成功に導く「観」と「技」

（図：リズム・安定・楽しさ）

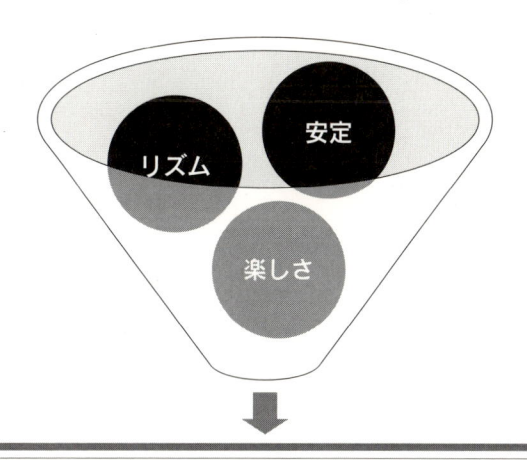

技：授業の型をつくる

1 課題づくり
　グラフや資料を見せ，「なぜ」や「どうやって」などといった課題を子ども達とつくる。（教師が提示する場合もある）
2 予想・見通し
　予想を出しあい，どの資料で調べればよいか考える。
3 一人学習
　ノートに課題についての答えをまとめていく。
4 小集団交流（学び合い）
5 全体交流（一斉）
　ノートを見せ合い，課題に対して話し合う。

Point 私の「観」と「技」から生かせること⑩：
　安定とリズムと楽しさにもう１つ加えるなら，それは「明確さ」です。つまり，指示の分かりやすさです。
　内容の分かりやすさも大切ですが，何をすべきかをはっきりさせることで子どもの学習への態度も変わってきます。

③　学級のための授業・授業のための学級

　学校教育の大きな目的が「学習」です。
　最終的な到達点は，学習ができる環境を創っていくことです。
　私は，横浜市の野中信行の考えから以下のように考えています。
　つまり，**授業のための学級づくりの考え方**です。
　第1段階：集まっただけの集団（群れ化）
　第2段階：組織としての目標をもった集団（学級化）
　第3段階：自治ができ，学習が組織としてできる集団（学習集団化）
　例えば，「詩のボクシング」は，当初は学習というより，学級づくりの一環としての取り組みの性格が強くありました。しかし，最終的には，
　第1段階：最初はグループで集まっただけ
　第2段階：クラスで「詩のボクシング」に取り組む文化や目標が誕生
　第3段階：自分達で計画をたて詩の音読をするなどの学習活動をする
というように，子ども達が自分達で学習に取り組むことができるようになっていきました。当時は必死でしたので，このプロセスは正直にいえば意図的にしたものではありません。しかし，今は，こうした形が生まれるように意識をして取り組んでいます。
　もう一方で，小学校の担任をしていた時に，強く意識していたのが，**学級づくりのための授業の考え**です。
　つまり，授業を通して，子ども達が学級の中で安心感や向上心をもてるようにするにはどうすればよいか考えていました。例えば，
　・自由に立ち歩いて相談してから発表する。
　・グループで問題を解きあう。
など，子ども同士が関わり合ったり，話し合ったりすることができるようにする方法を意識的に取り入れていました。
　上條先生の言葉を借りれば，「学びやすさ」の意識だと思います。こ

第3章　失敗・苦労を生かし，成功に導く「観」と「技」

の「学びやすさ」を意識することは，学習者を意識することにつながり，学級づくりにも影響してくるのだと思います。

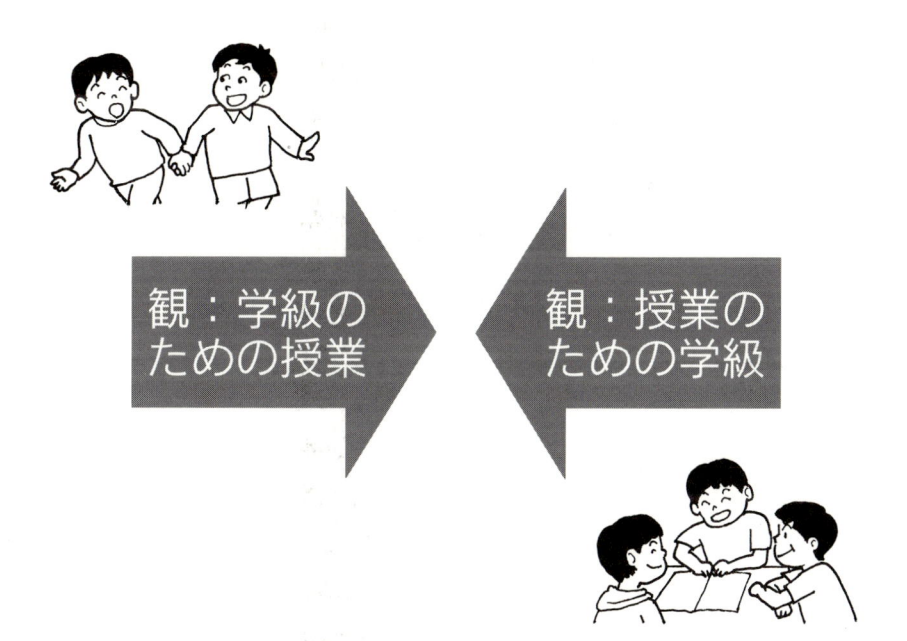

観：学級の
ための授業　→　←　観：授業の
ための学級

> **Point 私の「観」と「技」から生かせること⑪：**
> 　初任の先生であれば，やはり，学級づくりのための授業をしていくとよいと思います。つまり，学級の子ども達の関係がよくなったり，授業に集中したり，安心したりする授業の構成を考えていきます。「詩のボクシング」の取り組みには，グループ対抗のゲーム感覚の要素があります。学習ゲームやワークショップ型の授業の取り組みは多くの書籍があるので，参考にしながらやっていくとよいと思います。また，集中したり，安心したりするためには，学習規律も欠かせません。授業を通じて，学習のルール（話を聞く時は聞くなど）を定着させていくことも重要です。

④　楽しさへの限りない追求と全員参加

　授業における楽しさへの追求は私の永遠のテーマであり，課題です。同時に絶対外したくない「観」の1つです。

　小学校教師になって2年目のことでした。

　クラスで，好きな教科についてアンケートを取りました。上位は体育や図画工作科などのいわゆる技能系教科でした。理科も健闘していました。そして，最下位は，なんと社会科でした。

　「社会科は楽しくないもん」

　アンケートを終えて子ども達が発した言葉にこれほどがっかりしたことはありません。私は社会科の免許状をもつ小学校教師だったのです。

　また，自分のクラスだけではなく，全国の子ども達は社会科に対してどんな思いをもっているのか知りたくなり，調べると，ある調査では最下位に位置していました。よりがっかりしたのを覚えています。

　そうした背景から私は，「楽しい」授業を創りたいと思うようになり，特に社会科に関しては力を入れて取り組んでいます。

　わたしは，「楽しさ」は3つあると考えます。

　1つ目は，事象，内容そのものの楽しさ。

　社会科であれば，歴史の人物や時代の様子など，社会的事象を知ったり，課題の解決をしたりするなどして，内容そのものに楽しさを味わうことです。

　2つ目は，活動，体験の楽しさ。

　子ども達の社会科が好きな理由に，社会見学を挙げるように，体験したり経験したりすることも大きな要素です。内容そのものを楽しんでいるわけではない場合もありますが，そこから興味関心をもつ子も多くいます。理科であれば実験などが多く，子どもをひきつける要因です。体育や図画工作も同様なことがいえます。

第3章　失敗・苦労を生かし，成功に導く「観」と「技」

3つ目は，出会いの楽しさ。

社会科であれば，歴史上の人物との出会い，日本国憲法との出会い，そして地域で働いている方々との出会い……。たくさんの出会いがあります。人と出会うことは大人にとっても楽しいものです。

この「楽しさ」の3つのポイントは，それぞれが切り離されてはいません。つながりあっているといえます。この3つを結びつけながら授業を行っていくこと，理解や深い考えにつながっていくと思います。

もう1つ，私が大切にしていることが，

・**全員参加**

という考え方です。

多くの優れた実践家の先生に共通するのは，この全員参加の考え方だと思っています。いかに，全ての子ども達が授業に参加し，力を上げることができるかです。方法は違っていますが，この共通点は同じように感じられます。

私は優れた実践家ではありませんから，全員参加する授業をすることがなかなかできません。しかし，楽しい授業を意識すれば，子ども達が意欲的になり，参加すると考えています。

⑤ ノートを大切にする

　私の授業では,「書く」ことが必ず重要なこととして位置づけられています。さらには,学級活動の中にも「書く」ことが多くあります。

　「書く」ことは,自分の考えをもつことができます。思考力を高めることにもつながりますが,**書く行為そのものが主体的なことであるので,授業への参加**にもつながります。また,書くことで,意見を述べやすくなります。このことは学生の頃から京都女子大学の吉永幸司先生に教わりました。

　そこで,「書く」ことを考える上で重要なのがノートです。

　プリントやワークシートを使うこともありますが,やはり,ノートが学習者にとっては重要な位置づけです。

　ノートを大切にすることは,授業への参加を大切にすることにもつながると考えます。多少汚くても,「一生懸命授業に参加しよう」,「学習しよう」という気持ちはノートを継続的に見ていれば分かります。

　また,ノートの取り方,まとめ方といった,ノートづくりについても子ども達に教えていく必要があります。イラストやマインドマップの書き方,箇条書きや色を使って強調させる方法など,ちょっとしたアドバイスで子ども達は見事なノートを創っていきます。

　吉永幸司先生には,「書くことを厭(いと)わない子を」とアドバイスを受けています。書くことが当たり前の子を育てることが,授業に参加できる子を増やしていくことにつながります。

お薦めの本:

佐藤正寿『ぐんぐん伸びる学力のつくノート指導のコツ』ひまわり社／岩瀬直樹・川村卓正『子どもの力を引き出す板書・ノート指導のコツ』ナツメ社　　ノート指導ならこの2冊が抜群です。

第3章 失敗・苦労を生かし，成功に導く「観」と「技」

観：いろいろな場で書く活動をつくる。

参照：吉永幸司『吉永幸司の国語教室』小学館

観：ノートを大切にする。学習の重要な場として位置づける。

参照：有田和正『ノート指導の技術』明治図書

技：ノートづくりのステップアップ

① 大切なところに**線を引こう**。
② **大切な言葉（キーワード）を見つけ**よう。
③ ノートに**イラスト**や**矢印**を入れよう。
④ キーワードを**つないで**まとめよう。
⑤ キーワードを**まとめたり**，**くらべたり**しよう。
⑥ どこの資料か，**根拠をはっきりさせて**書こう。
⑦ 課題を**意識**し，**複数の資料**からまとめられるように工夫しよう。
⑧ 課題に対する**答えになる**ようなまとめ方を工夫しよう。
⑨ 課題に対して**自分の考え**を書き加えよう。

技：ノート提出・評価
技：学級通信などでの紹介

⑥ 難しい子はチャンスと思え

　私自身，授業中に子どもが立ち歩いたり，話を聞かなかったりして，すごく苦しんだ教員の一人です。本当に初任の頃，苦しみました。
　しかし，私はそうした子ども達から多くのことを学びました。
　また，先生にとって「難しい子」は，私という教師を育ててくれる存在だと思いますし，そういう子に出会ったら「感謝する」ように意識しています。

　＜短く・明確に話す＞
　指示や発問はできるだけ短く話すようにしています。たくさん話を聞くことは子ども達にとって苦痛です。ですから，**短く，分かりやすく，はっきり伝える**ことを意識して取り組みました。

　＜仲良くなる＞
　実はこれが一番大事なのだと思います。
　とにかく，仲良くなることです。
　「話を聞かせるために，まず話を聞くこと」
　このことがとても大切です。小さい子であれば，手を握って落ち着かせたり，一緒に遊んだりすることも有効です。

　＜友達の話なら聞く＞
　私の話は聞いてくれなくても，友達の話はよく聞くということがありました。それを知って，先生ばかり話しかけたり，注意したりするのではなく，クラスの仲間から声をかけることを，意識して取り組んだことがあります。問題行動となるような原因の１つに，認めてもらえないさびしさもありました。そのため，その子を決して外さない，温かく包み

込むような意識で取り組んだこともあります。

＜明るく楽しく話す＞

　明るく，もっといえば，面白く話すことを心がけています。

　厳しく叱り続けると殺伐とします。もちろん，叱ることも大切ですが，明るさや柔らかさはうまくいかない時ほど，非常に有効です。

　明るく，もっといえば，ふざけていることが私の場合，多いといえます。休み時間に，冗談をいい合うなど，子ども達と楽しく過ごすことを意識して取り組んでいます。

＜相手にしない＞

　問題を起こしてしまう子に対して相手にしないこともありました。

　初任の頃，ふっと気づいたのですが，問題のある子や世話のかかる子と関わり合って，それ以外の子とほとんど話さないことがあったのです。

　私の恩師である吉永幸司先生にも，

「当たり前に取り組んでいる子をしっかりと評価しないといけない」

といわれたことをよく覚えています。

　そのため，あえて，いろいろ問題を起こしてしまう子と積極的に関わるのではなく，しっかりできている子を思いっきりほめ，関わりを深めたことがありました。こうすることで，問題を起こした子もその中に入ってこようとすることがあり，学級がうまく回りました。

　問題を起こしてしまう子の中には，

「見てほしい，関わってほしい。しかし，どう接していいか分からない」

ということもあります。正統的な評価のされ方，より分かりやすくいえば，ほめたり，認めてもらったりする仕方が分からない時があります。そのため，「これができるとほめてもらえる」ということを見て学ばせていくことも必要だと感じています。

⑦ 「きく」力でどの先生でも学べる子に

　低学年の担任をしていた頃，「目線，姿勢，静けさ」の合言葉のもと，しっかり目を見て，姿勢よく，静かに話を聴いている子をとてもほめていました。ほめることで，「聴く」ことは大切であるとのメッセージになり，学級としての意識を高めることにつながります。

　また，「きく」ことは3つあると子ども達に教えていました。

① 「聞く」ことは，先生の指示や発問に対して，考え，行動できること。
② 「聴く」ことは，友達や先生の話をじっくりと聴き，考えたり，話したりできること。
③ 「訊く」ことは，話を聴くなかで，質問をしたり，尋ねたりすること。

　この3つの「きく」ことを教師も子どもも意識して取り組むことが必要だと考えて，始業はじめから最低1週間は，渾身の力をこめて抑揚，高低，リズムなども意識しながら話して聞かせて聴かせていました。また，「聴く」ことができる子や「聞いて」行動できる子をほめ，評価しました。話す人をしっかりと見ている目を，ほめたこともありました。

　では，なぜ，「きく」にこだわったかというと，

・どの先生でも共通する学習のルールであり，学習の力

だと感じていたからです。

　残念ながら，一斉型の授業で延々と話をし続ける先生もいます。

　そうした先生に反発してみても，授業方法が変わるわけではありません。優秀で革新的な実践をする先生がいる一方で，従来通りの指導を続ける先生もいます。

　先生が変わらないといけない部分もあるのですが，そうした先生方はなかなか変わることはなく，逆に子ども達が批判にさらされることもあ

第3章　失敗・苦労を生かし，成功に導く「観」と「技」

ります。
　「どの先生でもしっかり学べる子を育てなければいけない」
という言葉を初めて聞いたのは，神奈川県のある小学校の講演会で，東京大学の佐藤学先生が発した一言でした。その通りと納得したのを覚えています。
　小学校の場合は担任のカラーが色濃く残ります。自分だけの学級，自分だけの授業をするだけではなく，次の年，次の学校と意識をして指導をしていく必要があると最近強く感じています。

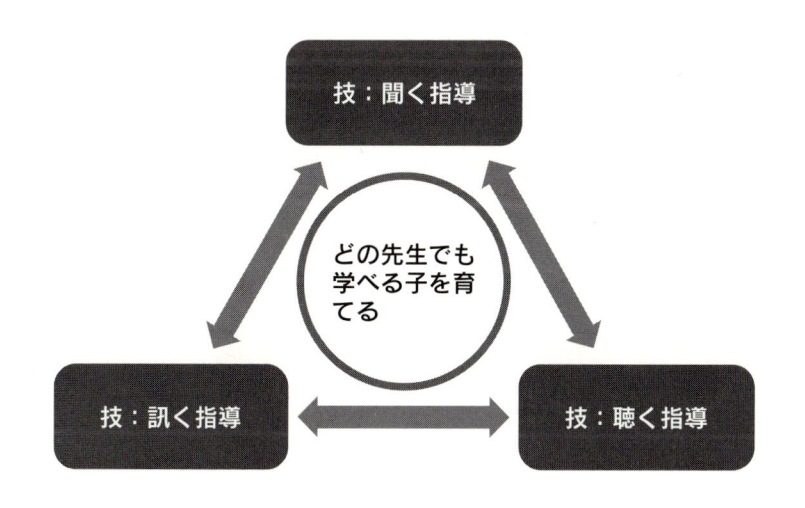

```
           技：聞く指導
              ↑↓
     どの先生でも
     学べる子を育
         てる
    ↙↗           ↖↘
技：訊く指導 ←→ 技：聴く指導
```

> **Point 私の「観」と「技」から生かせること⑫：**
> 　「優秀な○○先生のあとはきついね」という先生同士の会話を聞いたことはありませんか。「優秀な先生の翌年は荒れる」と揶揄されることもあります。若い先生にとっては比較されてつらいところですが，前の先生のよさを生かしつつ，少しずつ自分のカラーを出していくのがよいと思います。また，来年担任が変わっても，どの先生でもがんばるという意識をもたせることも必要です。

⑧ 視覚に訴える授業を

　初任の頃，あまりにも指示が通らず，
「先生，次何をするの？」
と何度も聞かれ，活動する順番をよく黒板に書くことがありました。
　例えば，
　1　あいさつ。
　2　4ページをうつす。
　3　2,3ができたら先生のところに来て，○をもらう。
　5　席に戻ってきたら静かに読書。
という感じです。
　これを見た，初任者担当のある先生に
「長瀬君，これいいね」
とほめられたことがありました。つまり，集中したり，聞いたりすることが苦手な子でもよく学習することができるといわれたのです。私にとっては苦肉の策でしたので，うれしいよりも驚きの方が強かったといえます。
　同様に，ある特別支援教育の研修会でも視覚から捉えられる工夫をするとよいと教えられました。
　それ以降，私の教育実践は，
　・視覚に訴えること。
　つまり，分かりやすく伝えることを意識して取り組んでいます。これは，その後の授業の型にもつながっていきます。
　また，視覚に訴えるということで，大型テレビやプロジェクターなどの投影機などを使って授業をすることも多くなってきました。準備に時間をかけずにすることが課題ですが，慣れてくれば効果的な学習が展開できます。

第3章 失敗・苦労を生かし，成功に導く「観」と「技」

　とにかく，視覚に訴える授業をすることは，全員参加の授業の意識も強くあります。
　学習に入る前段階で苦しんだり，できなかったりすることが多くあります。内容ができないのではなく，課題が分からない。つまり，「何をしていいか分からない」子は多くいるのです。
　その上で，視覚に訴えていく学習は効果的だと考えています。

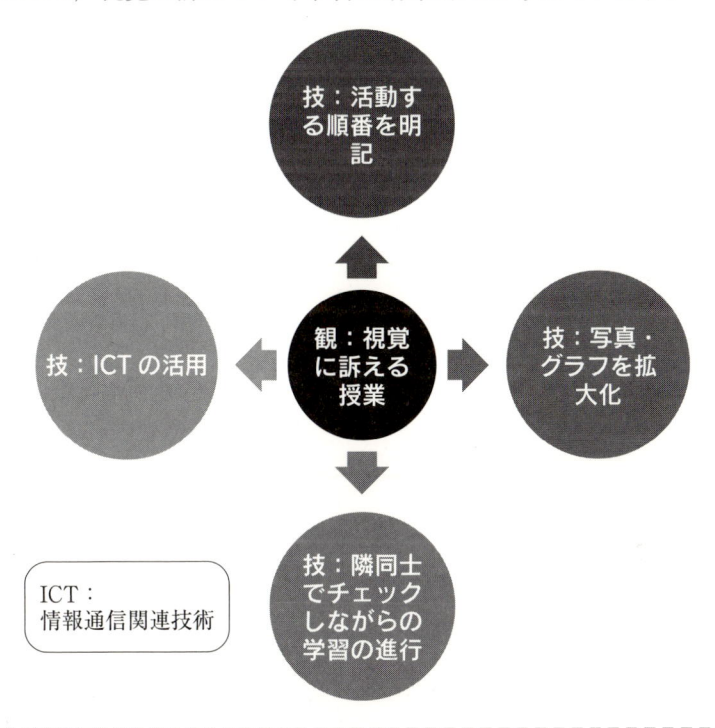

```
                技：活動す
                る順番を明
                  記
                    ↑
技：ICTの活用 ← 観：視覚 → 技：写真・
              に訴える    グラフを拡
                授業      大化
                    ↓
                技：隣同士
                でチェック
                しながらの
                学習の進行
```

ICT：
情報通信関連技術

┌─────────────────────────────────────┐
│ **Point 私の「観」と「技」から生かせること⑬：** │
│ 　黒板にちょっとだけでもいいので，活動する順序を書くことは効 │
│ 果的です。こういう時ほど，学習掲示が有効です。学習掲示は子ど │
│ も達が学習した内容や書いたものが貼られる場合がありますが，授 │
│ 業の型や学習進行表を載せておくことも必要です。 │
└─────────────────────────────────────┘

第4章

失敗を失敗にしないために
―教師としての「観」と「技」を大切に―

　最後に失敗を失敗にしないために，若い先生に向けてのメッセージを書きました。本書のまとめになるかと思います。しかし，若い先生だけにあてはまるものではないと考えています。

　失敗学の畑村先生のいうように，失敗を繰り返し，追い込むことが本当の失敗といえます。そのため，失敗をさらに次の失敗に追い込むことがないようにするには，どうすればよいか。

　「苦しい時ほど成長」
を合言葉に，私が苦しい時に考えていることを紹介します。

1 仲間を増やそう

　今，学校では「同僚性」という言葉が用いられ，職員間での連携や助け合いが求められています。しかし，実際は苦しい学校ほど連携や助け合いはむしろできず，教師1人に比重がかけられ，苦しくなっています。そこで，失敗が広がる原因になります。

　そのため，学校内外で自分の仲間となってくれる人を増やしていかなくてはいけません。では，仲間になってくれる人はどんな人なのでしょうか。

　例えば，
- ・家族
- ・職場の同僚
- ・初任者研修の同期
- ・学生時代の恩師
- ・サークルの仲間

などが挙げられます。

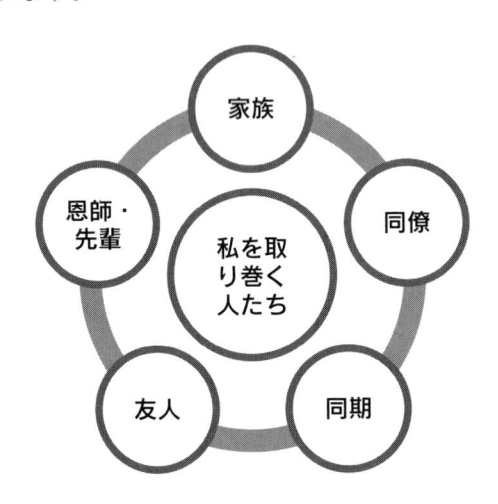

```
     家族
  ┌────────┐
恩師・    私を    同僚
先輩   取り巻く
       人たち
  友人       同期
```

第4章 失敗を失敗にしないために―教師としての「観」と「技」を大切に―

　しかし，ただの友人が本当に困った時の仲間とは限りません。ここからさらに一歩踏み込んで自分と悩みを共有し，高めていける仲間を増やしていくことが大切です。少し分類すると，

- リスナー…………困った時，話を聞いてくれる人
- アドバイザー……苦しい時，助言をしてくれる人
- フォロアー………つらい時，励ましてくれる人
- ライバル…………実践で競い合える人

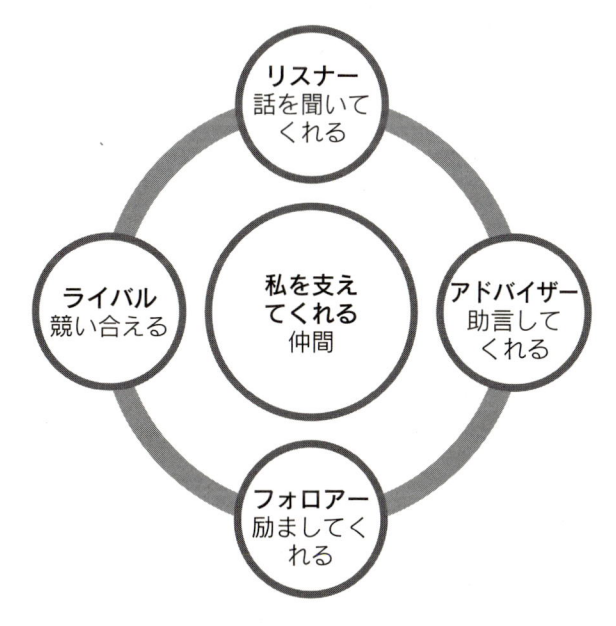

など，自分が教師としてやっていく時に年齢に関わらず多くの仲間・先輩・恩師をもっていることが大切です。

　教師のほとんどは担任をもち，学級を経営しなくてはいけません。いわば社長，経営者です。実際の多くの有名な経営者はリスナー，アドバイザー，フォロアーの仲間を多くもっています。もちろん，ライバルも欠かせません。

　教師の仕事をする上で，これからは，一人でがんばっていこうとする

のではなく，多くの仲間と一緒に取り組んでいくという姿勢が必要です。
　仲間が近くにいなければ，SNS（ソーシャルネット・ワーキング・サービス）のコミュニティを使ったり，研修会や組合の集まりに参加したり，大学の仲間に電話したり，できることはきっとあります。だから，あきらめず，仲間を探し，思いを共有していくことが必要です。

2　ふまじめのススメ

　「真面目な先生」ほど，苦しくなり，「一生懸命な先生」ほど悩む姿を多くみかけます。とても残念なことです。
　「辞めたい」と追いつめられ，さらには命を落としてしまえば，教師自身も子ども達もまわりの大人もみな傷つきます。しかし，真面目な先生や一生懸命な先生ほど考え，悩み，苦しみます。
　そこで，ぜひ，取り組んでほしいのが「ふまじめのススメ」です。ちょっといい加減に，ちょっと楽しみながら教師の仕事を続けていくという心のゆとりが必要です。多少うまくいかなくても，仕事がたまっても追い込まれず，ゆっくりのんびりとすることも大切です。

3　完璧主義を目指さない

　つまり，この仕事は一言でいえば，
　「終わりなき仕事」
だといえます。
　がんばろうと思えば，もっといえばがんばろうと思わなくても終わりがなく，どんどん増えていく仕事です。だからこそ，この仕事はやりがいもあり，楽しい仕事です。
　しかし，度が過ぎれば，この仕事がつらいものに変わります。そのた

第4章 失敗を失敗にしないために―教師としての「観」と「技」を大切に―

め，完璧にしようと思えば思うほど追い込まれていく可能性も高いといえます。

また，教育の世界は完璧だとこちら側が思っていても相手はそうは思わない場合があります。素晴らしい教育をしたと思っても全く異なる結果になってしまうこともあります。

そのため，がんばりすぎて自分を追い込んでしまう先生ほど，がんばらない。完璧を目指す先生ほど完璧を目指さないということも必要だと感じています。

4 技術論から成長論へ

今までの教師教育は，ある一定の技術を確立することを目指す，「技術論」の世界だったといえます。しかし，これからは様々な人と関わり，成長していくか，自分なりの「成長論」を身につけるかだと考えています。

若い先生，特に，大学を卒業したばかりの人にとって，技術論をいかに脱し，成長論を意識していくかがこれからの困難な教育現場に対応できることだと考えています。

教師になる前までは，高校・大学に合格し，大学入学後は，単位を取り，採用試験に合格するという，何かを得るために学ぶといった目標技術型の世界にいます。何かの知識や技術が得られれば望んでいる多くは間違いなく手に入れることが可能です。

しかし，現場に入れば，
「この方法が手に入ったから必ず大丈夫」
という絶対的なものがありません。

目の前の子どもにあわせ，日々自分を成長させていく必要があります。そのため，反省や苦労から実践を見直し，学んでいかなくてはいけま

せん。

5　時間に追われない工夫をする

　時間に追われることでなにが一番危険か。それは,「判断力を失う」ということです。忙しいことに充実感をもって楽しみながら取り組んでいれば問題はありません。問題なのは,「忙しい」の字のごとく, 心を失うということが起きてくる時です。
　つまり, 仕事や時間に追われ, 日々をこなすことに精一杯でどんどん苦しくなっていくことです。私は, 以前からこれを「魔のサイクル」と呼んでいます。
　なぜ,「魔のサイクル」と呼ぶか。それは, 忙しさに追われるこのサイクルが続くと, ミスやトラブルが広がり, どんどん教師を追い込んでいくからです。
　だからこそ, この魔のサイクルから逃れる必要があります。その1つの方法が「時間術」です。時間術に関しては, 拙著『教師のための時間術』（黎明書房）を読んでいただければと思いますが, 自分なりに仕事に追い込まれない「流儀」を作っていこうと若い先生によびかけています。
　ただし, 絶対に全員がうまくいく方法はありません。人それぞれによってその方法は異なるものです。方法, つまり自分なりの仕事の流儀をもち, 取り組んでいくことが大切になると考えています。

6　うまくいかなくて当然

　「うまくいかなくて当然」
　これが多くの若い先生に伝えたい言葉です。

第4章 失敗を失敗にしないために―教師としての「観」と「技」を大切に―

　つまり，これから先生になる人は，0またはマイナスからのスタートなのです。相手はそう思っているのですから，自分自身もそう思って仕事をしていくことが重要です。うまくいかなくても当然なのです。

　しかし，そうはいっても何とかしたいと思います。失敗したくない，うまくいきたい。そう思うことは当たり前のことです。

　大切なことは，思い詰めないということです。私は若い先生に，

　「10のうち，9は苦しいことがある。でも1の成功で楽しくなり，幸せになれる」といっています。

　すべてをうまくできることは，1年目では不可能です。またそれは転勤したり，年を重ねたりしてうまくいかなかったりする時も同様です。

　しかし，どれもこれもうまくいかなくなるとさすがにへこんでしまいます。教師を辞めたくなる原因を大きく4つに分けると，次のようなことがいえると思います。

A：子どもとの関わり
B：保護者との関わり
C：同僚教師との関わり
D：自分のプライベートな関わり

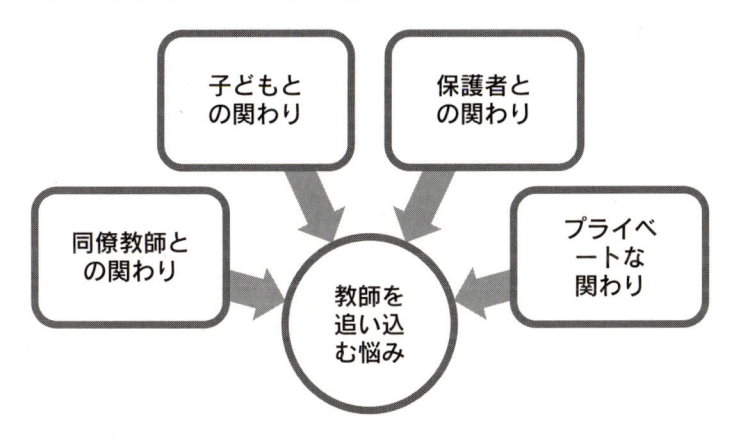

　この4つともうまくいかなくなれば，さすがに「辞めたい」と思う人

は増えてくると思います。

　そこで，A〜Dのどれか1つはうまくいくようにしようという気楽なつもりで取り組んでいくことが大切です。知り合いで趣味をとても大切にする教員の友人もいます。これはDにあてはまるといえます。

　うまくいかなくて当然，その上で自分のできるところからゆっくりと進めていくことが大切だと考えます。

7　うまくいかない時ほど成長できる

　私は初任の頃，とてもうまくいかず，苦しさを感じる日々でした。そうした時，いつも「どうなればうまくいくか」を考えていました。

　うまくいかない，辞めたいと思う時，人はどうしようか考えます。何とかこの場から脱したいと考えます。それがその後の教師人生に大きな影響を与えます。

　うまくいかない時，大きく今までの実践を変える必要性が出てきます。その中で考え新しい実践が生まれます。つまり，辞めたい時，苦しい時に乗り越えた瞬間が大きな転換になると考えています。それを私は「エポックメイキング」とよんでいます。「エポックメイキング」とは，大きく変わる転換期のことをいいます。

　苦しい時ほど，自分を変えるエポックメイキングが来ると考え，前向

**困難時は成長への
エポックメイキング**

第4章 失敗を失敗にしないために―教師としての「観」と「技」を大切に―

きに取り組むことが大切です。

8 失敗から新しい自分になる

　私は失敗から新しい自分になると考えています。失敗した時やうまくいかない時は，なかなか「新しい自分になれる」と前向きに考えることはできません。しかし，私は，あえてそう思うように心がけています。
　「失敗してもそれをいかしていく」
　さらにいえば，
　「失敗こそチャンスだ」
と思い続けて取り組むことがとても大切です。
　もう1つ，「辞めたい」状況を生み出さない。もし，「辞めたい」と思ってもその現況を打開できるヒントになるのが，「失敗からいかに成功できるか」のプロセスや考えをもっているかということだと思っています。
　失敗して，うまくいかない時，どのような対応を取るか。
　また，失敗をした時に，どのように生かせるか。
　それを若いうちから方法論としてもっていることが大切です。
　例えば，
　　・記録して，次の実践に生かす。
　というのもよい方法ですし，
　　・失敗したことを明るく前向きに捉える。
　　・失敗したことを隠さず，すぐ管理職や周りの先生に話し，アドバイスをもらう。
と常に考えておくこともよいでしょう。
　　・失敗したことを笑い話にして職員室を盛り上げる。
は，実は私が常に意識していることです。

このように，失敗して学んでいく仕事ですので，「辞めたい」と自分を追い込む前に，苦しい問題に出会った時，前向きに対処する方法が大切になっていきます。

9　同僚の先生に感謝

厳しさをもって接してくれる先生に感謝するようにしています。
　厳しい時は，なかなかそうは考えられませんが，今の私がいるのは，厳しく指導してくださった先生方のおかげです。
　私は達人先生ではないので，多くの先生方に支えられながら取り組まなくてはいけません。同僚の先生がいたからこそ，自分がいると考え，感謝をしながら仕事をしないといけないといつも思います。

10　常に自分を鍛えるという意識を

学校や教師に対する風当たりは厳しいものですが，逆にいえば，期待の現れでもあります。素晴らしい教師には多くの保護者や子どもが慕ってきます。そういう教師を何人も見てきましたが，まさにあこがれの的です。もちろん，辞めることに追い込まれてしまった人も多くいます。
　つまり，今，教師という仕事がよくも悪くも評価されている社会といえます。そのために，常に自分を鍛え，成長させていく意識がとても必要です。では，常に自分を鍛え，成長させるとはどのようなことでしょうか。
　まずは，字のごとく，体を「鍛える」ことです。
　辞めることになった原因の1つは体調の悪化です。体が悪くなることで精神的にも元気がなくなっていくことが多くあります。健全な体は健全な心を養います。

第4章 失敗を失敗にしないために―教師としての「観」と「技」を大切に―

次は、心や頭を「鍛える」。

たとえば、読書などがあります。

読書を通して、新しい方法や知識を得、実践に役立てることができます。また、考える力をつけることは苦しい時や追いつめられた時、打開するきっかけを与えてくれるかもしれません。

また、研修会に参加したり、実践論文を書いたりすることも教師にとってよいトレーニングになります。

とにかく、これからの教師にとって、日頃から自分を鍛えていくという意識が大切になっていきます。このことは、特にこれから教師になる学生の方には強く考えておいてほしいことです。学校現場は「楽」ではありません。相当の覚悟をもって、できることをしておくことが失敗を広げないことにつながります。

参考文献

本書で紹介した本や参考にした本を紹介します。

教師の「観」と「技」を生み出す本ばかりですので，ぜひ，読んでほしいと思います。

■教師としての「観」を育てる

『失敗学のすすめ』

畑村洋太郎（講談社文庫）

失敗学の提唱者である畑村先生の本です。

失敗からいかに学ぶか。失敗から成長するための一冊です。多くは工学についてですが，教育学であってもいえると思います。

『新しい時代の教職入門』

秋田喜代美・佐藤学編（有斐閣）

教師をめざす学生向けに書かれた本ですが，現場の先生方にも役立つ内容が多くあります。特に，秋田先生が書かれた章は，教師の仕事がなぜ多忙なのかを理論的に考えることができます。

『クラスが元気になる！「学び合い」スタートブック』

西川純（学陽書房）

西川先生が提唱されている「学び合い」の考えは，私の全員参加の概念を強くするもとになりました。方法としてではなく，「学び合い」を考えとしてもち，授業をしていくことはとても重要だと考えています。

参考文献

『「わざ」から知る』

　　　　　　　　　　　　生田久美子（東京大学出版会）

　「技」を身につけることはどういうことかについて書かれた一冊です。教師として身につける「技」の理論を学ぶことができると思います。

■教師としての「技」を身につける

『図解　よくわかる授業上達法』

　　　　　　　　　　　　　　　上條晴夫（学陽書房）

　学びを深めるためにどのようなしかけをしていけばよいか、授業に対する考えを理論的に考えることができます。この本のおかげで授業に対する多くの「観」が増えただけではなく、「技」も身に付きました。姉妹編として、『図解　よくわかる授業づくり発想法』もあります。

『新卒教師時代を生き抜く心得術60―やんちゃを味方にする日々の戦略』
　　　　　　　　　　　　　　　野中信行（明治図書）

　初任の先生には読んでほしい一冊です。学級をどのように構築していけばよいか、新卒教師の人に向けて分かりやすく書かれた本です。

『吉永幸司の国語教室』

　　　　　　　　　　　　　　　吉永幸司（小学館）

　国語だけではなく、どのように子どもの学びを見て、授業を組み立てていけばよいか書かれた本です。図解が多くとても分かりやすいのですぐ「技化」できます。

『必ず成功する！学級づくりスタートダッシュ』
大前暁政（学陽書房）

『仕事の成果を何倍にも高める教師のノート術』
大前暁政（黎明書房）

『若い教師のための読書術』
長瀬拓也（ひまわり社）

『教師のための時間術』
長瀬拓也（黎明書房）

『教師のための整理術』
長瀬拓也（黎明書房）

『＜教育力＞をみがく』
家本芳郎（子どもの未来社）

『ぐんぐん伸びる学力のつくノート指導のコツ』
佐藤正寿（ひまわり社）

『子どもの力を引き出す板書・ノート指導のコツ』
岩瀬直樹・川村卓正（ナツメ社）

『子どもも先生も思いっきり笑える73のネタ大放出！』
中村健一（黎明書房）

おわりに

　この本は非常に苦しみながら書いた本です。
　書店にいけば，素晴らしい教育実践家の本がたくさんあります。いわば，成功者による実践例の本です。附属の研究会や研究校の発表を見にいっても，成功した例の報告や実践を見ることができます。
　しかし，一方で，
　「僕はこんな素晴らしい先生じゃないからな」
とため息が出ることがあります。
　本の通りやってみてもうまくいきません。小手先だけではやはり失敗してしまいます。研究会で優秀な先生が発表した方法をしても子ども達がなかなか動いてくれないこともありました。
　そうしたことがきっかけで，私は，
　・これからの教育実践は，今までの失敗から学ぶことが大切である。
　・「技」に目をむけがちだが，「観」があっての「技」である。
という考えをもち，本書を書きました。
　しかし，自分の失敗例をたくさん書いていくことはあまり気分のよいものではなく，なかなか書きづらいものでもありました。何度も何度も失敗して，ようやくこの形にこぎつけたところです。
　ちなみに，初任の頃の苦しいイメージは今でもあるのですが，年々歳を重ねるうちに，若く，楽しい時の思い出しか残らなくなってきました。あと数十年たてば，もっとすてきな思い出になると思います。本当に，子どもが大好き，クラスが大好きだったと今振り返るとそんな気持ちに

なってしまいます。(苦しかったのにです。)

　逆に当時の子ども達には悪いことをしたなあと反省しています。実践もつたなく，学級もいい加減でした。でも，ついてきてくれた子ども達には感謝の思いでいっぱいです。「長瀬先生！」と声をかけてくれた子ども達がいたから，1年やってこれたのだと思います。

　多くの若い先生が一人でも元気になり，素晴らしい実践ができることを心から願っています。教師もこれから世代交代が始まります。新しい社会，そして学校を創るのは若い先生です。ぜひ，一緒にがんばっていきましょう。

　最後に，素晴らしい編集と温かい助言と励ましをしてくださった黎明書房社長の武馬久仁裕さん，編集部の都築康予さん。校正に立ち会ってくれた則武千裕先生。そして，校長先生をはじめとする職場の先生方，家族，そして生徒の皆さんに心からお礼を申し上げます。ありがとうございました。

　2010年10月18日

著者紹介

長瀬拓也

1981年岐阜県生まれ。
岐阜県立中津高等学校，佛教大学教育学部卒業。
横浜市立小学校教諭，岐阜県公立小学校教諭を経て，
現在，岐阜県公立中学校教諭。
高校生の時，中学校教員だった父親が白血病で他界し，教師になること
を決意する。2004年に日本児童教育振興財団主催『第40回　わたしの教
育実践　新採・新人賞』を受賞。
教育サークル「未来の扉」代表代行，メールマガジン「学びのしかけプ
ロジェクト」副編集長を務める。ブログ http://smile58.exblog.jp/
＜著書＞
『若い教師のための読書術』（ひまわり社）
『教師のための時間術』（黎明書房）
『教師のための整理術』（黎明書房）
『教師になるには』（編著，一ツ橋書店）

イラスト・岡崎園子

失敗・苦労を成功に変える教師のための成長術
2011年2月10日　初版発行

著　者	長瀬　拓也
発行者	武馬　久仁裕
印　刷	藤原印刷株式会社
製　本	協栄製本工業株式会社

発　行　所　株式会社　黎明書房

〒460-0002　名古屋市中区丸の内3-6-27 EBSビル
☎052-962-3045　FAX052-951-9065　振替・00880-1-59001
〒101-0051　東京連絡所・千代田区神田神保町1-32-2
南部ビル302号　☎03-3268-3470

落丁・乱丁本はお取替します。　ISBN978-4-654-01851-2
Ⓒ T. Nagase 2011, Printed in Japan

教師のための時間術
長瀬拓也著　四六／128頁　1400円

「子どもができる仕事は子どもに」「時間を短縮できる道具を揃える」など，教師である著者が，自分自身のためにあみだした時間の有効活用法を公開。

教師のための整理術
長瀬拓也著　四六／125頁　1400円

学級づくりのための整理術，授業づくりのための整理術，実践したことや自分の考えの整理術，ファイルやノートの整理術などを紹介。

野中信行が答える若手教師のよくある悩み24
野中信行著　中村健一編　Ａ５／141頁　1800円

初任者指導教諭として活躍の野中先生が，若手教師の学級づくり，授業づくり，困った子への対応，多忙な勤務，保護者対応などの悩みに的確に答えた待望の書。

ゲーム感覚で学ぼう，コミュニケーションスキル
田中和代著　Ａ５／97頁　1600円

小学生から／初対面同士でもすぐに親しくなれるゲームや，爽やかに自己主張することを学ぶアサーショントレーニングなど。指導案付き。

教師のためのコミュニケーションスキル
田中和代著　Ａ５／154頁　1800円

毎日のストレスを減らしましょう／同僚，子ども，家族などとの人間関係に心を悩ます教師のために，コミュニケーションのコツを伝授。

人気教師の仕事術44
寺本　潔著　Ａ５／102頁　1700円

学級のメインカラーを決めよう，黒板の消し方，1杯のお茶から職員室の人間関係が良くなる，など簡単で効果的な人気教師の仕事術を紹介。

授業を支え，学力を築く学級づくりの秘訣
山本昌猷著　Ａ５／172頁　1800円

「子どもを伸ばす原点は，学級づくりにある。」学級づくりに全神経を注いできた著者が「プラスパワー貯金」などの子どもの伸びる学級づくりの秘訣を語る。

学級づくりの力をきたえる
前田勝洋・研究同人たち著　Ａ５／168頁　2000円

やる気と自覚をうながす「ワザと仕掛け」／新学期前夜の過ごし方，朝の会，帰りの会が「学級づくりの決め手」など，明るく元気な教室をつくり出すワザの数々。

表示価格は本体価格です。別途消費税がかかります。

授業する力をきたえる
前田勝洋・研究同人たち著　Ａ５／152頁（カラー口絵3頁）　2000円

子どもをやる気にさせるワザと仕掛け／著者独自の「見つけ学習」や「三本のチョークで，板書を変えよう」など，ちょっとしたワザや仕掛けで授業を変える方法。

教師の実践する力をきたえる
前田勝洋著　Ａ５／160頁　2000円

「顔つきとことば」の仕掛けとワザをみがく／教師が自分の信念や情熱を子どもや保護者に伝えるための，「顔つきとことば」のきたえ方を伝授。

いますぐ取り組む学級の安全管理・危機管理
小川信夫・岩崎明編著　Ａ５／200頁　2400円

子どもをねらった犯罪や子どもの同士のトラブル，不審者侵入，児童虐待，交通事故，地震や火事，学校行事・教科活動での事故への対処法，予防法など。

学級づくりハンドブック
現代教育文化研究所編著　Ａ５／200頁　1800円

班・学級会の作り方，学級のモラール（志気）向上の方法，人権教育の進め方，規範意識の高揚と学級文化づくり，学級・個人情報の保護者への伝え方など詳述。

教師のためのモンスターペアレント対応55
諏訪耕一編著　四六／172頁　1700円

学校・教師が保護者からの非常識な苦情や要求にどのように対応すればよいかを，小・中・高等学校の55の事例を通して，具体的にアドバイスする。

子どもの心をゆさぶる多賀一郎の国語の授業の作り方
多賀一郎著　Ａ５／136頁　1700円

達人教師が教える国語の授業の最も重要なこと。教材研究の方法や，発問・板書の工夫と，著者独自の読書を通した学級教育の方法を具体的に述べる。

算数の授業で教えてはいけないこと，教えなくてはいけないこと
正木孝昌著　Ａ５／184頁　2000円

筆算，九九，分数，速さなど，算数の力がどんどん身に付く教え方の極意を語る。読み出したらやめられない，感動と驚きの正木算数ワールドへご招待。

歴史壁面クイズで楽しく学ぼう（全3巻）
阿部隆幸・中村健一著　Ｂ５／78頁　各1700円

①縄文時代〜平安時代　②鎌倉時代〜江戸時代　③明治時代〜平成／教室にコピーして貼るだけ。知識の定着が楽しく図れます。全3巻で毎日張り替えＯＫ。

表示価格は本体価格です。別途消費税がかかります。

子どもも先生も思いっきり笑える73のネタ大放出！

中村健一著　B6／94頁　1200円

教師のための携帯ブックス①／子どもの心をつかみ，子どもたちが安心して自分の力を発揮できる教室をつくる，クラスが盛り上がる楽しい73のネタ。

知っているときっと役に立つことわざ3分間話＆クイズ

村上幸雄・石田泰照著　B6／117頁　1400円

教師のための携帯ブックス②／「紺屋の白袴」「捕らぬたぬきの皮算用」など，ことわざの意味や由来を，日常生活に則したお話と楽しいクイズで紹介。

42の出題パターンで楽しむ痛快社会科クイズ608

蔵満逸司・中村健一著　B6／93頁　1200円

教師のための携帯ブックス③／授業を盛り上げ，子どもたちを社会科のとりこにする608の社会科クイズと，クイズの愉快な出し方42種を紹介。

考える力を楽しく育てるなぞなぞ＆学習クイズ85

石田泰照・三宅輝聡著　B6／96頁　1200円

教師のための携帯ブックス④／知的好奇心をくすぐる日本語や環境，歴史，宇宙などの楽しいクイズとなぞなぞ85種を収録。考える力が身につきます。

42の出題パターンで楽しむ痛快理科クイズ660

土作　彰・中村健一著　B6／93頁　1200円

教師のための携帯ブックス⑤／理科の授業が待ち遠しくなる，教科書の内容をおさえた660の理科クイズと，笑って覚える愉快なクイズの出し方42種を紹介。

思いっきり笑える爆笑クラスの作り方12ヵ月

中村健一編著　B6／94頁　1200円

教師のための携帯ブックス⑥／クラスに一体感を生み出す，学級開きや遠足，お楽しみ会など，「お笑い」の要素をふんだんに取り入れた行事を月別に紹介。

クイズの出し方大辞典付き笑って楽しむ体育クイズ417

蔵満逸司・中村健一著　B6／95頁　1200円

教師のための携帯ブックス⑦／スポーツのルールやけがの予防，エイズなどの病気の基礎知識が無理なく身につく。授業が盛り上がるクイズの出し方付き。

子どもも先生も思いっきり笑える爆笑授業の作り方72

中村健一編著　B6／94頁　1200円

教師のための携帯ブックス⑧／毎日の授業を楽しくするネタを，学習規律，授業の導入，展開，終末に分け紹介。ひと授業の中で使える爆笑ネタが満載。

表示価格は本体価格です。別途消費税がかかります。